Auszeit

Raus aus dem Hamsterrad!

Impressum

1. Auflage

Buchsatz & Covergestaltung: BookDesigns, www.bookdesigns.de
Titelfoto: © Creativa – Fotolia.com
Herstellung und Verlag: tredition GmbH, Hamburg

Bibliografische Information der Deutschen Nationalbibliothek:
Die Deutsche Nationalbibliothek verzeichnet diese Publikation in der Deutschen Nationalbibliografie; detaillierte bibliografische Daten sind im Internet über http://dnb.d-nb.de abrufbar.

978-3-8495-9268-4 (Paperback)
978-3-8495-9269-1 (Hardcover)
978-3-8495-9270-7 (e-Book)

Jeannette Zeuner

Auszeit

Raus aus dem Hamsterrad!

Abenteuer, Reiseträume und Lifestyle-Design

Inhalt

Vorwort –
warum unvernünftig sein total Sinn macht

Frage dich in jeder schwierigen Situation:
„Was würde der stärkste, mutigste, liebevollste Teil meiner Persönlichkeit jetzt tun?"
Und dann tue es. Tue es richtig.
Und zwar sofort.

Dan Millman

Ich bereue keinen Cent. Ehrlich nicht! Dies war mit das Unvernünftigste, was ich seit längerer Zeit getan hatte und es fühlte sich verdammt gut und so richtig an. Ehrlich!

Aus einer spontanen Laune heraus, buchte ich in einer Nacht- und Nebelaktion einen Flug nach New York und saß nicht einmal 48 Stunden später im Flugzeug. Alle Termine und Aufträge abgesagt, mein junges Unternehmen noch nicht einmal ein Jahr alt. Unvernünftig? Verrückt? Es heißt immer, wenn man sich selbständig macht, muss man die ersten drei Jahre hart arbeiten, arbeiten und nochmals arbeiten, jeden Cent zur Seite legen, alles auf Nummer sicher eben. Dem kann ich durchaus zustimmen. Ich habe noch nie zuvor soviel gearbeitet, oft bis spät in die Nacht. Der entscheidende Unterschied war: ich habe es geliebt und ich habe es nur nicht geschafft, mich davon wieder loszueisen. Mein Unternehmen hat sich zu einem Teil meiner Selbst entwickelt und sogar in meiner Auszeit habe ich es vermisst. Aber eine Pause war wirklich nötig zu diesem Zeitpunkt. So spontan meine Abreise auch war, der Gedanke an eine Auszeit spukte seit einer Weile durch meinen

Kopf. Ich war mir nur nie 100% sicher, ob ich es wirklich tun soll und was ich während dieser Zeit machen will und vor allem, ob ich es mir überhaupt leisten kann. Eigentlich war das Thema offiziell schon vom Tisch – bis zu besagter Nacht, als ich auf meine innere Stimme gehört habe, die leise, aber unaufhörlich flüsterte „tue es einfach!".

Ich denke, innerlich wird jeder spüren, wann er an dem Punkt ist und eine Pause vom Alltag braucht. Es bedarf nur Mut, auf diese innere Stimme zu hören und es tatsächlich zu tun. Einfach mal raus, sich eine Auszeit vom Alltag nehmen. Sei es ein verlängerter Urlaub oder gleich eine Weltreise – jeder hat die Möglichkeit und auch das Recht, das Hamsterrad einfach für eine Weile anzuhalten und auszusteigen.

Meine neugewonnene Freiheit hatte sich so gut angefühlt, dass ich in New York nach drei Tagen spontan in den nächsten Flieger gestiegen bin – der Reisevirus hatte scheinbar komplett mein Denken übernommen. Ich war wie in einem Rausch und wollte meine Freiheit so intensiv wie möglich auskosten. Ich konnte selbst kaum glauben, dass ich nur 24 Stunden später in Vancouver am Hafen genüsslich einen Latte trank und dabei den Wasserflugzeugen beim Starten und Landen zuschaute. Das Handy blieb aus. Keine Lust auf die Welt. Einfach mal offline sein – das war ein schönes Gefühl!

Ich habe mich erst dort wieder daran erinnert, dass ich diese Erfahrung und Gefühle schon einmal durchlebt habe – vor sechs Jahren während meiner Weltreise. Meinen Weltreisetraum hatte ich mir kurz nach dem Studium erfüllt, nachdem ich eine Weile in den Arbeitsalltag geschnuppert hatte und ich noch nicht sicher war, was das Richtige für mich ist. Ich glaube, ich würde heute kein so selbstbestimmtes Leben führen, wenn ich damals nicht den Schritt gewagt hätte: ohne Geld bis ans Ende der Welt zu reisen (Neuseeland um genau zu sein). Während dieser Reise habe ich mich vom amerikanischen Großstadttrubel mitreissen lassen, bin durch schillernde Unterwasserwelten in der Südsee getaucht, auf Entdeckungsreise in die verträumtesten Ecken Neuseelands gegangen, habe den *sunny way of life* der Australier gelebt und entspannte Zeiten in Asien verbracht.

Meine Reise endete damit, dass ich mit gesperrter Kreditkarte und ohne einen Cent Bargeld auf Bali festsaß. Es war eine wirklich aufregende Zeit, die mich definitiv auf den richtigen Weg gebracht hat. Daher möchte ich wirklich jeden ermutigen: wenn du das Gefühl hast, du musst gehen, dann GEH! Die Möglichkeit, einfach mal auszusteigen und immer wieder neu anzufangen hat jeder. Alles was es braucht, ist ein bisschen Mut.

Im Nachhinein war ich jedes Mal sehr froh über meine genommene Auszeit. Hängengeblieben bin ich damals schließlich in Tofino, einem verträumten Surferort an der äußersten Westküste Vancouver Islands. Das Gefühl der Rastlosigkeit ist mit den Wellen weitergezogen, zurück blieb viel Zeit zum Nachdenken, Ruhe und langsam wieder aufsprudelnde Glücksmomente über das Leben, das Sein, die Freiheit und die spannende Zeit, die vor einem liegt. Bei der Rückkehr vier Wochen später hatte ich wieder das Gefühl, als könnte ich die ganze Welt erobern. Alles ist möglich! Und so machte ich mich dann, voller Tatendrang und befreit, wieder an die Arbeit.

Während der Recherche für dieses Buch habe ich viele Menschen kennengelernt, die einfach abgetaucht und für eine Weile dem Alltag entflohen sind. Jeden auf seine Weise hat es persönlich ein erhebliches Stück weitergebracht. Zeit für sich selbst zu finden bzw. sich bewusst zu nehmen, ist essentiell, um zu erkennen, was wirklich wichtig ist und was nicht. Was auch immer du dir mit einer Auszeit erhoffst oder dir wünschst, ich bin mir sicher, du wirst es nie bereuen.

In diesem Buch möchte ich nicht analysieren, warum sich immer mehr Menschen für eine Auszeit entscheiden oder mit Statistiken aufzeigen, ob eine Auszeit in unserer Gesellschaft und Arbeitspolitik akzeptiert wird und wie du das anschließend plausibel in deinen Lebenslauf einbauen kannst. Es geht mir um dich! Viele Menschen haben Angst vor Veränderung und trauen sich nicht, diesen Schritt zu gehen. Die Idee auszubrechen, bleibt oft ein Traum vieler. Wenn es doch nur so einfach wäre, heißt es dann … Gründe, die dagegen sprechen, gibt es viele. Sei es ein unbefristeter Arbeitsvertrag, eine Wohnung oder ein Haus, für das monatlich Miete/Zinsen zu bezahlen sind, hohe monatliche Fixkosten, die Familie oder der Partner, die man nicht alleine lassen möchte … Oder du spürst, dass es Zeit für eine Pause wäre und weißt aber nicht, was du machen möchtest.

Vor einiger Zeit kontaktierte mich eine junge Studentin, die dringend „einfach nur raus“ wollte. Es war ihr schon fast egal wohin. Sie hatte nur eine grobe Vorstellung, dass es günstig sein sollte, gern in der Natur und sie wollte nicht alleine sein. Ich erzählte ihr einige Ideen, die mir spontan in den Sinn kamen und bereits wenige Wochen später hat sie auf einer Alm in Österreich am Wwoofing-Programm (siehe Seite 95) teilgenommen.

So ist dann die Idee für dieses Buch entstanden. Bitte erwarte keinen nüchternen, sachlichen Ratgeber an dieser Stelle. Ich hoffe vielmehr, dass ich dich mit den Geschichten von ehemaligen Auszeitlern motivieren und inspirieren kann, dir gezielt Zeit für DICH und deine noch unerfüllten Träume zu nehmen!

Während ich diese Zeilen schreibe, sitze ich auf Bali mit Blick auf im Wind wedelnde Palmenblätter und saftiges Grün in allen erdenklichen Facetten. Meinen Arbeitsort habe ich für drei Monate nach Asien verlegt. Ich arbeite leidenschaftlich gern an inspirierenden Orten und manchmal braucht es genau diesen Ortswechsel für neue Inspiration und einen kreativen Geist.

Mittlerweile versuche ich öfters kleine oder große Auszeiten in meinen Alltag einzubauen. Diese Veränderungen bewirken manchmal Unsicherheit und werfen Fragen auf. Aber sie ermöglichen auch, dass das Alltägliche neu bewertet werden kann.

Nun, viel Spaß beim Lesen und Planen deiner Auszeit!

Jeannette

Es gibt wichtigere Dinge im Leben als ständig dessen Geschwindigkeit zu erhöhen.

Mahatma Gandhi

Auszeit ist Freiheit

Das Leben ist voller Ungewissheiten, voller Überraschungen – und gerade darin besteht seine Schönheit. Du wirst nie an den Punkt kommen, an dem du sagen kannst. "Jetzt bin ich sicher." Das Leben birgt tausendundeine Ungewissheit. Das ist die Freiheit des Lebens.

Osho

Sich eine Auszeit vom Alltag nehmen, kann eine wundervolle, erfrischende und vor allem lebensverändernde Erfahrung sein. Zeit an einem anderen Ort bzw. auf eine andere Weise zu verbringen, hilft das Leben von einem komplett anderen Blickwinkel zu betrachten und neue Inspiration, Kreativität und Lebensfreude zu finden. Raus aus dem 10-stündigen Bürojob, ständigem Zeitdruck, Dauerstress sowie hohen Ansprüchen in seinem Umfeld, kurzum: raus aus dem alltäglichen Hamsterrad. Auftanken, Zeit für sich finden, einfach mal das machen, worauf man Lust hat und seine Zeit frei gestalten – eine Auszeit ist diese Pause vom Alltag, die all das möglich macht!

Schon in der Bibel steht: „Im 7. Jahr soll die Arbeit ruhen." Dies bezog sich damals zwar mehr auf die Ackerbewirtschaftung, aber ich denke, im übertragenen Sinne können wir auch unsere persönlichen Ressourcen als „fruchtbaren Acker" bezeichnen. Dieses siebte Jahr, das sogenannte Sabbatjahr, soll genutzt werden, um den Dingen Zeit zu geben, sich von selbst regenerieren zu können. Sabbat bedeutet im Hebräischen *inne halten*. Was spricht also dagegen, diese Tradition fortzuführen und öfters eine längere Pause zu machen? Eine aktive und bewusste Pause, um uns regenerieren zu können – in geistiger, körperlicher und spiritueller Hinsicht. Besonders heutzutage erscheint dies sinnvoller denn je. Die Worte „ich bin im Stress“ hat mindestens jeder Zweite fest in seinem täglichen Sprachrepertoire. Es wird erwartet, dass man immer mehr in immer weniger Zeit erledigt oder am besten alles auf einmal. Hinzu kommt, dass viele einer Arbeit nachgehen, die ihnen keinen Spaß macht. All das macht auf Dauer krank und führt zum mittlerweile berühmt-berüchtigten Burnout oder in die Sinnkrise.

Es ist nicht weiter verwunderlich, dass sich immer mehr Menschen frühzeitig aus diesem Hamsterrad verabschieden möchten. Neue Arbeitszeitmodelle sind also gefragt, neue Lebenskonzepte, mehr Work-Life-Balance, Sabbatjahre oder kleinere Auszeiten. Selbst die karrierefreudigsten Exemplare entscheiden sich nach zehn Jahren ständigem Strampeln gegen Geld und Karriere und für mehr Zeit und Lebensqualität.

Zeit ist in unserer westlichen Welt zum Luxusgut geworden und es ist scheinbar nötig, sich diese mit aller Macht zurück zu erkämpfen. Es gibt nur noch nicht so viele Menschen, die dies tatsächlich auch tun. „Ich habe keine Zeit“ heißt es aus aller Munde. Aber keine Zeit zu haben bedeutet lediglich, dass dir Anderes wichtiger ist. Zeit ist eine Frage der Priorität. Was ist dir *wirklich* wichtig?

Ich begegne in der Regel zwei Sorten von Menschen: die einen jammern und die anderen tun etwas. Es freut mich jedes Mal, wenn ich jemandem begegne, der etwas tut. Etwas Individuelles. Etwas, bei dem du das Sprühen der Funken sehen und die Lebendigkeit einer kindlichen Begeisterung wieder spüren kannst – trotz aller ungemütlichen Widrigkeiten im Alltagsleben!

Luisa hatte sich eine Auszeit genommen, um Afrika zu bereisen und den Kilimanjaro zu besteigen. Klettern und Bergsteigen ist ihre grösste Leidenschaft. Dafür lebt sie. Den Traum, den

Kilimanjaro zu bezwingen, hatte sie schon lange. Wenn sie davon erzählt, kann man spüren, wie sehr sie dafür brennt. Es war nicht nur ein körperliches Abenteuer. Sie hatte diese Auszeit durchgesetzt als Antwort auf eine wirklich schwierige Zeit im Berufsleben. Und trotz Allem hat sie an ihrem Traum festgehalten und den Berg bezwungen – im Nachhinein in jeder Hinsicht!

Ich denke, der wachsende Trend zu einer Auszeit spiegelt die Sehnsucht nach Freiheit und einem selbstbestimmten Leben wieder – beides tiefe Bedürfnisse, die fest in uns verwurzelt sind und denen wir Luft und Raum geben müssen, um nicht zu ersticken.

Warum wurde das Buch „*Die 4 Stunden Woche*" so ein weltweiter Bestseller? Weil es Freiheit verspricht, an das Bedürfnis nach Selbstbestimmung appelliert und weil es den Nerv der Zeit trifft. Tim spricht von Mini-Ruheständen: Warte nicht, bis du alt bist oder das nötige Geld hast, um dir deine Lebensträume zu erfüllen. Du hast nur dieses eine Leben, mach etwas daraus – und zwar jetzt! Ich teile diese Meinung!

Eine Auszeit oder ein Mini-Ruhestand bedeutet nicht, das du den ganzen Tag faul in der Hängematte am Strand liegen sollst (außer dies ist für dich innerste Erfüllung und genau das, was du in diesem Moment brauchst, hey, dann ist das legitim!), sondern genieße diese freie Zeit! Probiere neue Dinge aus! Nutze die aktive Pause, um Prioritäten zu überdenken, Potentiale zu entdecken, neue Motivation zu schaffen oder ggf. sogar einen Richtungswechsel einzuleiten. Schaffe Raum für neue Ideen mit dieser Auszeit. Jeder kreativ Schaffende weiß, dass aus völliger Leere plötzlich die genialsten Ideen entspringen können, wie aus einer unsichtbaren Quelle, die wieder anfängt zu sprudeln. Manchmal braucht man also diese Leere. Manch einer merkt erst, wenn er zur Ruhe kommt, wie ausgebrannt er wirklich ist. Es kann Wochen bzw. Monate dauern, bis man den inneren Antrieb wieder spürt.

Das Wichtigste während einer Auszeit ist sicherlich zu lernen, in Zukunft alles wieder etwas spielerischer anzugehen und mit mehr Leichtigkeit und Freude Montag morgens aufzustehen.

Was ich mit diesem Buch zeigen möchte ist, dass es nicht erst Zeit für eine Auszeit ist, wenn es dir schlecht geht und du eine Pause oder einen Richtungswechsel dringend nötig hast. Eine Auszeit hat viele Gesichter. Letztes Jahr habe ich am „Project Getaway" teilgenommen und mir für fünf Wochen den Traum vom „Arbeiten und Leben im Paradies" erfüllt (www.projectgetaway.com). Wir waren ca. 20 junge Unternehmer aus aller Welt, die für einen Monat zusammen in einer Poolvilla auf einer kleinen Insel in Thailand Gedanken, Wissen und Erfahrungen ausgetauscht haben. Jeder von uns hat während dieser Zeit mit viel Liebe und Tatendrang an seinem eigenen Projekt gearbeitet. Dank des intensiven Austausches und der gegenseitigen Motivation hat uns diese Zeit in Thailand unglaublich bereichert. Gelernt habe ich, dass es wirklich sinnvoll ist, sich regelmäßig die Zeit zu nehmen, die Dinge aus der Vogelperspektive zu betrachten, denn nur so entsteht Raum für neue Ideen und persönliche Weiterentwicklung.

Das Herzstück einer Auszeit vom Alltag ist immer Veränderung. Die Frage lautet, welche Art und wie viel Veränderung wünschst du dir in diesem Moment? Wie viel ist nötig, um über die selbsterbauten Mauern des Alltags hinwegsehen zu können? Es reicht manchmal schon aus während einer kleinen Auszeit oder Pause, ein neues Gefühl für die Zeit zu entwickeln, sich selbst, seine Umgebung und sein Handeln bewusster wahrzunehmen und die kleinen Momente intensiver zu leben.

Veränderung braucht Mut. Es ist sehr bequem, sich in den Annehmlichkeiten der sicheren Routine niederzulassen und zu denken, dass die Dinge so sein müssen. Aber das müssen sie nicht. Du gestaltest dein Leben jeden Tag neu und das Beste, was du tun kannst, ist dir jeden Morgen zu wünschen, dass etwas Unerwartetes geschieht. Mut bedeutet das Bekannte gegen das Unbekannte einzutauschen, die Bequemlichkeit für etwas Neues, etwas Unsicheres aufzugeben. Sicherlich macht das Angst, aber wenn du dich trotz deiner Ängste auf das Neue mit offenem Herzen einlässt, bist du ein mutiger Mensch. Sei wie das Meer, das immer in Bewegung ist und sich ständig in Farbe und Form verändert.

Wer einmal mit Hilfe einer längeren Auszeit, Abstand vom alltäglichen Hamsterrad gewinnen konnte, wird mit neuer Kraft und Energie zurückkehren und ganz sicher einige Dinge neu gestalten, meistens angefangen mit Selbstbestimmung im Berufsalltag. Eine Auszeit zeigt, es sind immer mehr Dinge möglich, als man denkt. Die Grenzen bestehen allein im Kopf. Wer es schafft, diese während der Auszeit zu sprengen, wird vieles aus einem neuen Blickwinkel sehen. Also öfter mal die Routine links liegen lassen, große und kleine Sprünge wagen, im Himmel baden, frische Luft tanken und Auszeit nehmen. Die schönsten Geschichten schreibt nicht das Leben, sondern DU, indem du dein Leben lebst! Jetzt!

Was immer du tun kannst
oder wovon du träumst –
fange es an! In der Kühnheit
liegt Genie, Macht und Magie.

Johann Wolfgang von Goethe

Wenn nicht jetzt, wann dann?

Manchmal warten wir mit bestimmten Dingen so lange, als hätten wir noch ein zweites Leben im Koffer.

Unbekannt

Peter seufzte „Ich würde so gerne mal für eine Weile raus aus diesem Arbeitswahnsinn. Ein Meeting jagt das nächste, die Arbeit stapelt sich unendlich auf meinem Schreibtisch. Wenn ich eigene Ideen einbringe, heißt es ‚kein Geld' oder ‚dies läge nicht in meinem Kompetenzbereich' … Ich frage mich manchmal, wozu das Ganze. Es ist jeden Tag das gleiche Spiel."

„Warum tust du es nicht einfach?" fragte ich. Peter schaute mich an, als wäre es völlig absurd, solch eine Frage überhaupt zu stellen. Ich bin nicht sicher, was er erwartet hat. Eine Lösung für die scheinbar frustrierenden Abläufe in seinem Büro hatte ich sicher nicht in der Tasche. Aber ich erkenne durchaus, wenn sich der Wunsch nach einer Auszeit seinen Weg an die Oberfläche bahnt und mit der Zeit immer lauter wird. Vielleicht ist Peter noch nicht an diesem Punkt, aber der Wunsch nach einer Auszeit kommt definitiv, wenn die Sehnsucht groß genug ist. Manchmal beginnt es mit einem leisen Grübeln, welches immer öfter die Gedanken in diese eine Richtung lenkt. Und manchmal ist es ein plötzliches Gefühl, was dich auf dein Innerstes lauschen lässt. Die Idee blitzt zwischen deinen Gedanken auf, nur für den Bruchteil einer Sekunde und doch hast du es bemerkt. Etwas lässt dich innehalten und zurückblicken. Nun stellt sich nur die Frage, wie ernst nimmst du das? Traum oder Wirklichkeit? Von einer Auszeit träumen ist leicht … und sie umzusetzen auch – sagen diejenigen, die es bereits getan haben! Viele träumen davon, wenige tun es bisher. An dieser Stelle kommt meistens das große ABER und vielzählige Gründe, die dagegen sprechen (Jobverlust, Geld und andere übliche Argumente). Viele stellen jedoch meistens nur Ausreden in Form von Ängsten dar, denen du dich stellen musst. Das klingt jetzt leichter gesagt als getan. Bei dem gegenwärtigen hart umkämpften Jobmarkt scheint es leichtsinnig und unvernünftig den sicheren Job aufs Spiel zu setzen. Aber neben einer Kündigung gibt es vermehrt Alternativen, Zeit für eine Auszeit durchzusetzen – sei es durch einen längeren unbezahlten Urlaub oder ein vertraglich geregeltes Arbeitszeitmodell, bei dem du anschließend wieder einsteigen kannst.

Ich persönlich sah mich oft einer Angst gegenüber, die sich alleine auf den Verlust des Geldes konzentrierte und darauf, was alles passieren könnte, wenn dieses Sicherheitspolster nicht mehr vorhanden ist. Ich hatte zehn Punkte auf der Pro-Seite und einen Punkt auf der Kontra-Seite und es schien unerklärlich, wie sehr dieser eine Punkt ins Gewicht fiel. Die Angst polarisiert sich in einem Sicherheitsdenken, welches fest in unserem Kopf verankert ist und mit dem wir bereits aufgewachsen sind. Nur die Wenigsten scheinen es zu schaffen, sich darüber hinwegzusetzen. Unser Denken konzentriert sich zu gerne auf die Risiken und was alles schiefgehen könnte. Diese Ängste sind die größten Hindernisse, wenn wir unser Leben nach unseren Wünschen gestalten wollen. Was du dir bewusst machen musst: Es geht nicht ums Geld! Es spielt im Grunde keine Rolle, ob du einen Job hast, selbständig bist, ein Unternehmen leitest, arbeitslos oder theoretisch pleite bist – du kannst dennoch eine Auszeit nehmen! Wo ein Wille ist, gibt es auch immer einen Weg. Gib dir die Aufgabe herauszufinden, wie du es möglich machen kannst und du wirst Lösungen finden! Es ist wissenschaftlich erwiesen, dass sich unser Gehirn im Unterbewusstsein automatisch mit dem Lösen von Problemen beschäftigt und diese auch fast immer bewältigen kann. Es geht einzig und allein um deine Einstellung und einen starken Willen. Lass dich nicht überwältigen von der Angst vor der Unberechenbarkeit des Lebens und einer trüglichen Sicherheit, die nur in deinem Kopf existiert. Ungestillte Sehnsüchte haben die Kraft Berge zu versetzen! Was wäre denn das Schlimmste, was passieren kann? Eines ist sicher: es geht immer irgendwie weiter. Frage dich stattdessen, was wäre das Beste, was passieren könnte? Denn deine Gedanken erschaffen deine Realität. Möchtest du also in deinem Leben deine Ängste oder deine Träume realisiert sehen? Fokussiere dich IMMER auf das was du willst und nie auf das, was du nicht willst. Damit schaffst du den Sprung. Veränderung beginnt im Denken.

Auch Annett fand sich an diesem Punkt wieder. Für sie kam die Idee einer Auszeit eher spontan, als Antwort auf den Jobverlust. Das Unternehmen, in dem sie jahrelang als Assistentin der Geschäftsführung tätig war, wurde verkauft und über 1000 Angestellte nicht übernommen. Länger als drei Wochen Urlaub im Jahr sind ihr in dieser Tätigkeit bei keinem Arbeitgeber vergönnt und so sah sie dies als Chance, für sechs Monate auf Weltreise zu gehen. Das sichere Jobangebot, welches bereits auf dem Tisch lag, schlug sie aus und entschied sich bewusst für diese Auszeit. Sich einfach eine zeitlang treiben zu lassen und nicht zu wissen, wann und wohin es weitergeht, war eine intensive Erfahrung, die sie nie wieder missen möchte.

So negativ die äußeren Umstände sein mögen, für Annett haben sich dadurch neue Perspektiven eröffnet. Das Leben lehrt uns, dass jede Veränderung – ob positiv oder negativ – uns weiterbringt.

Der innere Widerstand und die Angst vor Veränderung ist tatsächlich die größte Hürde auf deinem Weg in eine Auszeit. Egal an welchem Punkt du derzeit in deinem Leben stehst, wenn du den Gedanken an eine Auszeit in deinem Kopf hast – halte ihn fest! Frage dich jetzt, was kann dir eine Auszeit bringen? Finde einen Grund, der stark genug ist, um den möglichen Gegenargumenten und Widerständen im Kopf zu trotzen. Und dann tue es – *make it happen*! Aktivität schlägt Inaktivität jedes Mal!

Hier sind zehn Dinge, die ich gelernt habe:

- Eine Auszeit zu nehmen, in welcher Form auch immer, ist irgendwie finanzierbar. Der Wille findet Möglichkeiten! Es sind so viele Menschen in der Welt unterwegs, die einen unkonventionellen Lebensstil für sich gewählt haben. Und eben diese wirst du treffen und viel von ihnen lernen können, wenn du dich auf den Weg machst – in deine eigene Richtung!
- Du wirst viele interessante Menschen kennenlernen und jede neue Begegnung kann unerwartetes Potential enthalten. Sei offen und neugierig!
- Der Ort für deine Auszeit spielt definitiv eine Rolle. Ein Ortswechsel wird sich immer positiv auswirken, da du in der Fremde einfach leichter abschalten kannst und viel schneller inspiriert wirst.
- Um die ganze Welt reisen ist einfacher, als du vielleicht denkst.
- Die Dinge, die dich momentan vielleicht stressen, werden mit Abstand betrachtet klein und unwichtig. Aber es kann eine Weile dauern, den nötigen Abstand zu bekommen. Gib dir Zeit!
- Manchmal wirst du dich einsam fühlen und fragen: Wo bin ich? Wo möchte ich hin? Aber das ist ein wichtiger Teil der Erfahrung.
- Du wirst Inspiration finden – meistens auf unerwartete Weise und aus einer ganz anderen Richtung als angenommen.

- Die Welt, wie du sie kennst, wird noch da sein, wenn du zurückkehrst, ohne sich groß verändert zu haben. Du kannst leicht wieder in dein altes Leben hineinschlüpfen, sofern du das möchtest.
- Du veränderst dich mit jedem Schritt vorwärts.

Auf der Suche nach Auszeitgeschichten wurde mir oft die Frage gestellt: „Eine Auszeit von was?". Diese Frage ist wichtig. Nicht jeder verspürt den Drang nach einer Auszeit im ursprünglichen Sinne. Es wird oft angenommen, dass man nur eine Auszeit braucht, wenn man zum Beispiel mit seiner derzeitigen Arbeit nicht zufrieden ist oder nach einem Burnout. Ich möchte mit diesem Buch zeigen, dass eine Auszeit viel mehr sein kann und dass du das Konzept „Auszeit" jederzeit für dich benutzen kannst, um deinem Leben eine frische Prise Würze zu geben. Eine Auszeit impliziert immer, dass du von etwas weggehst und wieder an diesen Punkt zurückkehrst. Die dazwischenliegende Zeit nenne ich Freiheit. Was würdest du tun, wenn dir jemand „Freiheit" schenkt? Freie Zeit von allen Verpflichtungen, Zeit nur für dich. Es ist wie die Frage nach dem Millionengewinn. Was würdest du tun?

Ich rede die ganze Zeit vom Träume erfüllen und vielleicht mag sich das für dich kitschig und unrealistisch anhören, aber genau darum geht es doch. Jeder von uns hat Tagträume, was er alles gerne einmal machen wollen würde, aber bei der Umsetzung scheitert es meistens an zwei Dingen: Zeit und Geld. Das eine oder das andere fehlt, oft sogar beides. Die Lösung kann also nur heißen: beides ansparen! Und das funktioniert. Betrachte eine Auszeit als Werkzeug zur Traumerfüllung. Auszeit ist Freizeit. Zeit in der man frei ist ... frei von allem und demzufolge alles tun kann, was man möchte. Klingt einfach, ist auch so. Einmal Regenbogen und zurück bitte!

Wie du mit Hilfe einer Auszeit dich selbst und die Welt retten kannst …

Sehnsucht ist eine
der stärksten Kräfte,
die zu Veränderung animieren.

Sevillana

In der Regel hört man, dass sich Menschen eine Auszeit vom Job gönnen, um dem alltäglichen Stress und der Schnelllebigkeit zu entkommen. Aber wohin geht der Trend wirklich? Tun es nur Menschen, die ausgelaugt sind und eine Pause brauchen oder ist es ein neuer Ansatz, um für eine Weile ein anderes Leben führen zu können? Eine andere Wahl zu treffen, etwas Neues auszuprobieren, eine andere Seite der Persönlichkeit ausleben zu können … Gründe und Motive gibt es unendlich viele. Ich möchte an dieser Stelle diese Motive nicht bis ins Detail analysieren oder in feste Kategorien definieren. Wer möchte schon in eine Schublade gesteckt werden? Du erhälst auf den folgenden Seiten stattdessen einen kleinen Einblick, in welche verschiedene Richtungen eine Auszeit gehen kann.

Grundsätzlich können die Beweggründe für eine Auszeit auf zwei Faktoren zurückgeführt werden: ist es ein „Weg-von-etwas"-Gefühl oder ein „Hin-zu-etwas"-Gefühl. „Weg-von" impliziert, dass du unzufrieden mit deiner Situation bist, wie zum

Beispiel Unzufriedenheit im Job, in der Beziehung, Langeweile, Fremdbestimmung oder Stress. Hier kommt das Bedürfnis, einfach mal raus zu wollen, besonders stark zum Ausdruck. Man sollte eine Auszeit jedoch nicht benutzen, um vor etwas wegzulaufen. Wenn du bei der Rückkehr vor ungelösten Problemen stehst, hast du rein gar nichts gewonnen, denn sie lösen sich nur in den seltensten Fällen in Luft auf. Wenn es sich bei dir um ein „Weg-von“-Motiv handelt, macht es Sinn, die Auszeit gezielt zu nutzen, um nach Lösungen zu suchen. Jeder kommt in seinem Leben an einen Punkt, wo er sich fragt, worum geht es hier wirklich? Was ist mir wichtig, was möchte ich erreichen und wie möchte ich leben? Eine Auszeit gibt dir Zeit zum reflektieren, nachdenken und planen, um dann nach der Rückkehr aktiv die von dir gewünschten Änderungen realisieren zu können.

Das „Hin-Zu“-Motiv steht für einen Wunsch, einen Traum oder ein Bedürfnis, welches du erfüllen möchtest. Vielleicht bist du auch auf der Suche? Jede Suche beginnt mit einer Reise ins Innere zu lang gehegten Wünschen und Träumen. Du suchst vielleicht nach deiner Seele, wer du eigentlich bist und was dich ausmacht. Wenn du dies erkannt hast, gehst du einen Schritt weiter und suchst nach der einen Erkenntnis, die deinem Leben einen Sinn verleiht. Doch gibt es diese eine Erkenntnis? Möchtest du vielleicht Liebe finden? Möchtest du deine Freiheit zurückerlangen, weil du dich gefangen fühlst? Möchtest du die Welt verändern? Letztlich läuft es immer auf diese eine Antwort hinaus: jeder Mensch (und so auch du und ich) möchte glücklich sein. Glück gestaltet sich für jeden anders und doch für alle gleich. An welchem Punkt in deinem Leben stehst du mit dem Wunsch nach einer Auszeit? Die Gestaltung deiner Auszeit erschließt sich direkt aus der Antwort auf diese Frage. Wenn du diese Antwort für dich gefunden hast, gib deinen Gedanken Raum und lass dich von deinen Träumen inspirieren. Sieh eine Auszeit als individuelles

Werkzeug zur Traumerfüllung und nutze die gewonnene freie Zeit, um deine persönlichen Ziele und Wünsche zu realisieren.

Auszeit für Abenteuerhungrige

Im Sommer vor einigen Jahren bin ich Columbus begegnet. Nicht *dem* Columbus, aber im Herzen ist er sicher einer seiner abenteuerhungrigen Nachkommen. Sein richtiger Name ist eigentlich Jan, aber er lebt, wie Columbus, die meiste Zeit auf dem Meer. Wenn er zurück an Land ist, fehlt im etwas. Jan ist Skipper und derzeit mit der Segelyacht „Polaris" für zwei Jahre auf Weltumsegelung. Er segelt hinfort in eine eigene Welt, in die ungewissen Launen der Natur, begleitet vom Kreischen der Möwen, sich immer wandelndem Himmel, funkelnden Sonnenstrahlen, die immer wieder versuchen bis in die Tiefen des Meeres zu tauchen und der treibenden Kraft des Windes, irgendwann irgendwo anzukommen. Jan liebt das Segeln und das Gefühl echter Erfüllung, dass er jeden Tag dabei spürt. Seinen Bürojob hat er dafür an den Nagel gehängt.

Für viele Menschen ist eine Weltumsegelung die Verwirklichung eines Lebenstraums, das Abenteuer ihres Lebens. Eine dieser großen Sehnsüchte, die als Inbegriff von Freiheit, Abenteuer und Entdeckerlust steht. Jan sagt, es sei ein unbeschreibliches Hochgefühl, jeden Tag Neues zu entdecken, in unbekannte Gewässer zu fahren und den Erfolg zu spüren, den Tag mit Wind, Wasser und Teamarbeit gemeistert zu haben. Losgelöst von Erwartungshaltungen, sozialen Zwängen und gesellschaftlichem Druck, lebt man auf dem Boot wie in einer anderen Welt und kann für eine Weile alles hinter sich lassen. Es ist eine Reise über den Horizont hinaus.

Jan hat es mit seinen Worten so ziemlich genau auf den Punkt gebracht: „der Mensch braucht das Abenteuer; Erlebnisse, die aus der Gewohnheit herausragen und neue Erfahrungen versprechen. Es hungert uns nach Abenteuern, weil es auf Dauer dem Alltagsleben an Reiz fehlt." Manche Charaktere unter uns sind besonders stark vom Abenteuer-Defizit-Syndrom betroffen, andere weniger.

Das Leben an sich fühlt sich für viele oftmals nicht mehr lebendig an. Montag, Dienstag, Mittwoch – jeden Tag der gleiche Ablauf. Der Mensch ist ein Gewohnheitstier und über kurz oder lang, sei der Job noch so abwechslungsreich, schleicht sich in jede Lebenssituation eine alltägliche, monotone Routine ein. Diese Routine führt zu einer gewissen inneren Trägheit, Verlust der Kreativität, Unlust bis hin zu Resignation, gefördert durch Stress und Druck von Außen – wer kennt das nicht? Und wenn wir an diesem Punkt angekommen sind, möchten wir ausbrechen. Eine Pause machen. Anhalten. Zu uns finden. Etwas Neues erleben. Wir brauchen einfach ab und zu einen Perspektivenwechsel: ein Wachrütteln der eigenen Figur im Marionettentheater der Gesellschaft, im funktionierenden Automatismus des Alltags.

Es ist doch so: der Mensch wurde als Entdecker geboren. Es ist eine uralte Kraft, die uns antreibt, immer wieder Neues auszuprobieren und generell den Drang zu spüren, nach einem bestimmten Zeitraum der Konstanz wieder eine Veränderung im Leben vollziehen zu wollen. Und sei es nur eine kleine Flucht aus dem Alltag, in den man dann mit veränderter Wahrnehmung zurückkehrt.

Es ist die Sehnsucht, die uns antreibt. Wir sind sehnsüchtig und lebenshungrig nach Freiheit, Nervenkitzel, Aufregung, Herausforderungen, neuen Impulsen, Grenzerfahrungen, kurzum Abenteuern, die unsere Sinne aufs Schärfste erwecken und bis tief unter die Haut gehen. Abenteuer beginnen dort, wo die Bequemlichkeit aufhört.

Jede Situation, die anders ist als unser Alltag, ist praktisch schon ein Abenteuer und Abenteuer in vielfältigster Form sind die beste Medizin gegen eine betäubende Alltagsroutine. Sie lassen uns ausbrechen, entfalten, wiederfinden und uns selbst neu entdecken. Daran sieht man, wie sehr wir wenigstens das Gefühl von Abenteuer nötig haben, um uns lebendig zu fühlen.

Ich persönlich glaube, der Mensch braucht Abenteuer wie die Luft zum Atmen. Ein Abenteuer macht dein Leben zu etwas Besonderem, lässt dich fühlen, dass du LEBST – jetzt genau in diesem Moment. Der Moment wird spürbar. Wir erkennen das an einem funkensprühendem Gefühl von innerer Erregtheit, wenn er uns ganz ausfüllt. Im Alltag fliegen unzählige Momente ungeachtet an uns vorbei, Wochen, Monate. Schon umhüllt uns wieder die Herbstsonne mit tanzend rotgefärbten Blättern, die uns spüren lassen, dass gleich wieder ein ganzes Jahr vergangen ist. Du fragst dich vielleicht, wo ist der Sommer geblieben? Was hast du eigentlich gemacht? In deiner Erinnerung tauchen spontan schöne Urlaubsmomente auf oder freudige Erlebnisse mit Familie und Freunden, die dich lächeln lassen. Es kommen dir Dinge in den Sinn, die deinen Alltag besonders gemacht haben. Kleine Glücksmomente. Alles andere ist bereits im Nebel der Vergesslichkeit verblasst.

Ob also eine kleine oder eine große Auszeit, eine Pause vom Alltag, gewürzt mit einer Prise Abenteuer ist für uns wie ein Lebenselixier. Es schenkt dir einen unvergesslichen Moment, der länger dauert als nur einen Augenschlag und von dem du noch Jahre später zehren kannst. Koste davon, lass dich darauf ein! Probiere die unterschiedlichsten Dinge aus! Mach, was dir Spass macht! Du kannst dich immer wieder neu erfinden, jeden Tag. Eine Auszeit gibt dir diese Zeit.

Für jeden von uns definiert sich ein Abenteuer anders – wie sieht dein Abenteuer aus? Fang an zu träumen und nimm deine Träume ernst. Jedes Abenteuer beginnt mit einem Traum und einer Entscheidung für das Unbekannte. Sei es also die Welt umsegeln, den

Kilimanjaro besteigen, mit dem Fahrrad bis nach China fahren – unsere Welt ist der größte Abenteuerspielplatz, den wir haben und ich glaube, wir sollten uns einfach die Zeit nehmen, wieder öfter zu spielen und Abenteuer zu erleben.

Das „Ich-muss-mal-weg"-Syndrom

Jeder Zweite kennt es und mindestens jeder dritte Deutsche hat es öfter: das „Ich-muss-mal-weg"-Syndrom. Zuerst spürt man es nur leise. Immer wiederkehrende Gedanken, die einen in die Ferne locken. Es ist ein schleichendes, unterschwelliges Gefühl, wie eine Art Fluchtreflex. Du kannst nichts dagegen tun. Mit jedem Tag wird es stärker und kämpft sich in dir hoch, zwingt dich hinzuhören. Die Gedanken fangen an zu kreisen und nach Wegen zu suchen, sich aus den Zwängen des Alltags zu befreien. „Wenigstens für eine kleine Weile", flüstert dein Unterbewusstsein …

Roland kennt das „Ich-muss-mal-weg"-Syndrom besonders gut. Seit 20 Jahren packt es ihn regelmäßig und lässt ihn in die Ferne ziehen. Er kann dem nicht widerstehen, es gibt ihm ein Gefühl von wirklicher Freiheit, wo ihm niemand sagen kann, was er tun oder lassen soll. Aus einer Auszeit wurden zwei, drei und letztlich ein ganz neuer Lebensstil. Roland hat seine Auszeiten mittlerweile zu seinem Lebensinhalt gemacht und das „wirkliche" Leben, sprich die Arbeitszeit, in der viele nach nichts anderem als nach Geld streben, in die nötigen Unterbrechungen verwandelt, um sich sein alternatives Lebenskonzept finanzieren zu können. Roland macht einen glücklichen, ruhigen Eindruck auf mich. Nach 20 Jahren ist er gerade wieder auf Deutschlandbesuch, um sich für zwei Jahre zum Heilpraktiker mit Schwerpunkt Akupunktur und Homöopathie ausbilden zu lassen. In den vergangenen Jahren hat er in Asien Yoga, Meditation, Ayurveda, Massagetechniken und die spirituelle Lehre des Buddhismus gelernt. Sein Ziel ist es nun, den Körper und Geist der Menschen ganzheitlich heilen zu können. Ein schönes Ziel, finde ich. War dies vielleicht von Anfang an seine Bestimmung?

Es begann bereits mit 16 Jahren, als Roland spürte, dass er längere Reisen machen wollte. Den Namen Rolando hat er auf Reisen bekommen. Es bedeutet soviel wie: Roland geht oder Roland ist unterwegs. Nach einer Schreinerlehre und dem Zivildienst beim Deutschen Roten Kreuz wollte er mehr von der Welt sehen und erfahren ... Seine erste lange Reise führte ihn nach Spanien, wo er einfach herausfinden wollte, was das Leben noch zu bieten hat. In den nächsten Jahren folgten ausgedehnte Reisen in viele Länder der Welt, wo er das Fotografieren als Leidenschaft für sich entdeckte. In Asien kam er dann zum ersten Mal in den Kontakt mit dem Buddhismus. Diese Philosophie hatte ihm sofort zugesagt. Es folgte eine tiefgründige Beschäftigung mit dem Buddhismus und der Spiritualität im Allgemeinen. Zur Finanzierung seines Lebensstils arbeitete er als Schreiner, Radkurier, Auslieferungsfahrer, Yogalehrer, Masseur, Massagedozent, Reiseleiter, Mountainbike Guide, Requisitenbauer, Erntehelfer und Erlebnispädagoge.

Für Roland war es nie eine Flucht aus der Realität, dies haben immer nur die anderen gesagt. Aber wie genau definiert sich Realität? Wer sagt denn, dass zur Arbeit gehen von 9 bis 18 Uhr, von Montag bis Freitag, Haus bauen und für die Rente sparen Realität ist. Vielleicht ist genau das die Illusion, aus der sich immer mehr Menschen mit neuen Lebensmodellen befreien möchten. Vielleicht liegt hier die Wurzel des „Ich-muss-mal-weg“-Syndroms? Vielleicht ... denn nicht umsonst wird eine Auszeit oder eine längere Reise oft als Flucht bezeichnet. Menschen fliehen, wenn der Körper Gefahr spürt, seit Millionen von Jahren. Das „Ich-muss-mal-weg-“ Syndrom ist also eher ein Stimme unseres Körpers, unseres Unterbewusstseins, das sagt, es wird Zeit für eine Pause. Eine Auszeit von einer unbefriedigenden Situation, eine Auszeit für den Kopf, um Gedanken neu zu ordnen und Energie zu schöpfen oder eine Auszeit für den Körper, um sich zu regenerieren. Jeder, der das „Ich-muss-mal-weg-Syndrom“ einmal erlebt hat, wird sich selbst die Frage gestellt haben: warum? Manch einer hat eine Antwort für sich darauf, manch einer nicht. Manchmal muss man auch einfach mit blindem Vertrauen seiner inneren Stimme folgen.

Roland wollte etwas „anderes“ als diesen normalen Arbeitsalltag und hat sich mit dem Reisen einen für ihn passenderen Lebensstil gesucht. Es ist ihm zu langweilig, Tag für Tag das Gleiche zu tun mit nur fünf Wochen Urlaub im Jahr. Die Welt ist zu groß und interessant da draussen. Er möchte gerne so viele verschiedene Erfahrungen wie möglich machen und immer neue Abenteuer bestehen …

Gibt es für ihn nach all den Jahren des Reisens noch Unbekanntes auf dieser Welt? Ja, sagt er, ihm fehlen noch ganze Kontinente. Die Welt verändert sich, so wie er sich verändert und es bleibt trotzdem spannend, auch schon bereiste Orte wieder neu zu entdecken. Sobald Roland die innere Unruhe spürt, wird er wieder seinem Herzen in die unbekannte Ferne folgen …

Das „Ich-muss-mal-weg-Syndrom“ ist eines der eindeutigsten Anzeichen, dass du reif für eine Auszeit bist. Sobald du es fühlst, lass es zu. Dieses Gefühl ist nicht ohne Grund plötzlich da. Wenn du auf Dauer mit Vernunft und anderen Gegenmitteln dagegen ankämpfst, kann es dich krank machen. Betrachte es in Zukunft als Stimme deines Körpers, dir etwas mitteilen zu wollen. Nicht immer besteht die Möglichkeit, diesem Gefühl sofort nachzugeben, aber ignoriere es nicht dauerhaft!

Loslassen – Flucht nach vorn

„Die Zeit heilt alle Wunden", heißt es. Es ist in der Tat so, dass es mit der Zeit leichter wird, sich an Veränderungen im Leben zu gewöhnen. Manche werfen uns jedoch völlig aus der Bahn. Insbesondere Veränderungen, die sich um einen Verlust drehen. Die Trennung von einem geliebten Menschen ist z. B. solch ein Verlust.

Katharina war an einem Tiefpunkt in ihrem Leben: Liebeskummer, schlechte Auftragslage, Depression. Sie durchlebte monatelang einen nicht enden wollenden Trennungsschmerz und je länger dieser anhielt, desto klarer formte sich ein ganz bestimmter Gedanke in ihrem Kopf: „Ich muss hier weg". Egal wohin, Hauptsache weit genug weg. Ohne jemandem etwas zu erzählen, buchte sie einen Flug in die Karibik, bereit für einen Neuanfang. Die folgenden drei Monate wurden eine der schönsten Zeiten in ihrem Leben.

Ähnlich erging es auch Susanne, die nach ihrer Trennung für zwei Monate auf eine Alm in Österreich geflüchtet ist. Einfach mal raus. Eine Auszeit vom Liebeskummer nehmen. Durch räumlichen Abstand auch dem Herz die Chance geben, den nötigen Abstand zu gewinnen. Bei Liebeskummer hilft wirklich nur die Flucht nach vorn. Eine Reise an einen fremden Ort, weit weg von den Ursprüngen des Schmerzes. Reisen hilft loszulassen. Neue Eindrücke, unbekannte Gerüche, ungewohnte Geräusche und fremde Menschen verlangen deine ganze Aufmerksamkeit. All das hilft, die Gedanken und den Geist ins Hier und Jetzt zu bringen, so dass das Herz mit der Zeit wieder leichter wird. Es beginnt mit der Freude an kleinen Dingen und auf Reisen ist die Chance auf diese kleinen Dinge einfach am größten.

Kleine Alltagsfluchten

Eines kalten Tages im letzten Winter war ich an dem Punkt, dass ich das Gefühl hatte, keine Luft mehr zu bekommen unter der ewiggrauen Wolkendecke, die sich jeden Tag ein Stückchen tiefer auf die Stadt zu drücken schien. Tagelanger Regen, Kälte und Dunkelheit kämpften Hand in Hand gegen Motivation und Inspiration. Ich spürte, ich musste hier raus. Ich stieg also gedankenlos in den nächsten Flieger und es fühlte sich an wie ein kleiner Befreiungsschlag. Einige Stunden später am Meer, in der Abendsonne von Nizza, konnte ich wieder frei durchatmen und schnell wurde auch die Stimmung besser …

Ich denke, es geht nicht um die Möglichkeit, die Freiheit zu haben, solche Dinge für sich zu tun, sondern um den Willen und die Prioritäten, die jeder für sich setzt, um sich aus einer bestimmten Situation zu befreien. Ich habe für mich gemerkt, dass es hilft, sich für eine Weile (ob kurz oder für länger) aus dem Alltag auszuklinken. Einige meiner Freunde sagen, es ist eine Flucht, aber ich betrachte es als meine persönliche Weise, Energie zu tanken. Für mich ist eine Auszeit vom Alltag eine lebens- oder situationsverändernde Erfahrung und ein Schritt vorwärts. Immer.

Rica flüchtet jeweils im Winter nach Südafrika. Sie trifft diese Entscheidung für sich jedes Jahr aufs Neue und schlüpft während dieser Zeit in ihr zweites Leben. Jeder einzelne, noch so unwichtige Gedanke an Deutschland wird zurückgelassen. Dafür ist kein Platz im Koffer. Eine herzliche zweite Familie und liebevolle Freunde geben ihr Geborgenheit, Kraft und neue Energie. Es ist eine andere Realität, in die sie voller Freude eintaucht und wo sie neue Dinge ausprobieren und für eine kleine Weile ein anderes Leben führen kann.

Es muss nicht immer gleich eine monatelange Auszeit sein, auch kleinere Alltagsfluchten können dir helfen, den nötigen Abstand vom Alltag zu finden, um dich und deine Bedürfnisse wahrzunehmen. Entschleunigung heißt das neudeutsche Zauberwort in diesen hektischen Zeiten. Ghislana hat das Konzept kleiner bewusster Auszeiten mittlerweile fest in Ihr Leben verankert. Als Naturpädagogin und Kreativtherapeutin bietet sie Tages-Auszeiten und Wochenend-Auszeiten (www.ghislana-poppelbaum.de) in der wald- und seenreichen Landschaft des Naturparks Dahme-Heideseen bei Berlin an. Die Teilnehmer gehen mit ihr in die Natur auf die Suche und nehmen dort „Gefundenes" mit in eine innerliche Spurensuche. Ein Weg zur Stärkung der Beziehung zur eigenen Kreativität, zur Natur und damit zu sich selbst.

Kleine Auszeiten – mit Langzeitwirkung …
(von Ghislana Poppelbaum)

Wer kennt sie nicht, die Momente, in denen man schier verzweifeln möchte, die Arbeit über den Kopf zu wachsen droht oder stockt und bockt, Anforderungen von allen Seiten über einen hereinbrechen … Oder die Momente, in denen man das Gefühl hat, dass nichts mehr geht, das Denken sich festgehakt und festgefahren hat im Kreisen um anstehende Aufgaben, Probleme, Lösungsideen. Momente, in denen man sich kraftlos und lustlos fühlt, nervös, vielleicht gar angstvoll oder aggressiv …

Was dann? Ich finde, dann ist „Flucht" keine Schande. Nein, ich meine damit nicht vor Problemen davon zu laufen, Ausflüchte zu suchen oder sich in der Flucht nach vorn immer tiefer in Gedankenspiralen zu verstricken, die uns nicht weiterbringen.

Ich meine die kleinen Fluchten, für die man sich Zeit nehmen soll, gerade dann, wenn man keine Zeit dafür zu haben meint. Für manche hilft da vielleicht schon ein heißer Tee bei Kerzenlicht an einem schönen Platz, vielleicht am offenen Fenster, auf jeden Fall aber raus aus der beklemmenden, bedrückenden Situation.

Für mich ist es dann immer das Rausgehen, das hilft, das Rausgehen, Bewegen und Ruhen in der Natur. Und seitdem ich weiß, wie gut es mir tut, mache ich das immer öfter, plane die Zeiten dafür vorher ein, denn aus Erfahrung weiß ich inzwischen auch, dass ich danach schnell und viel besser wieder „in Gang" komme, die Gedankenspiralen sich während oder nach einer solchen „Frischluftkur" auflösen und auf neue Art sprudeln, sich neue Perspektiven auf die bearbeiteten Themen erschließen, ich mich leichter, freier fühle, und mich dann auch freier und kraftvoller wieder an Arbeit und Aufgabenlösung machen kann.

Was passiert da, da „draußen"? Wer es ausprobiert, wird es spüren: Ein Gang durch die Natur – (zu der wir körperlich und seelisch ja dazugehören! Wie kurze Zeit erst in unserer Evolution sperren wir uns täglich überwiegend in Gemäuer ein!) – spricht all unsere (im Alltag oft so vernachlässigten oder überreizten) Sinne behutsam an, kann sie weit öffnen, wenn – ja wenn wir dafür offen sind. Manchmal hilft es, ein paar Schritte lang die Augen zu schließen oder mit geschlossenen Augen einfach stehen zu bleiben. Plötzlich spüren wir den Lufthauch im Gesicht, die Wärme auf der Haut, riechen den Duft der Wiese, des Waldes, des Baumes, hören Windgeräusche und Vogellaute bis hin zum Knacken der Äste und zum Knistern der Ameisen, wenn sie die trockenen Kiefernnadeln zu ihrem Bau schleppen. Oder im Gehen einfach zu atmen, bewusst zu atmen, das Kommen und Gehen des Atems, unseres seidenen Fadens zum Leben, wahrzunehmen und auch zur Konzentration auf den Atem zurückzukehren, wenn die Gedanken sich vordrängeln, sie einfach nur wahrnehmen und wieder ziehen lassen und atmen. Atmen hilft immer, sagt eine Freundin. Und bringt uns in unser eigenes Tempo, das menschengemäß ist und weit weg vom Schrittmaß der Moderne mit „immer mehr, immer schneller, immer weiter".

Offen, weit, mit allen Sinnen und der ganzen Seele wahrnehmend und Verbundenheit fühlend mit dem, was uns in der Natur umgibt: all das sind wir oder könnten wir sein … Wir sind eigentlich, ursprünglich und natürlicherweise, nicht wirklich die verkrampft ackernden, kognitiv überanstrengten und uns der modernen Alltagsüberreizung aussetzenden und diversen Ersatzbedürfnisbefriedigungen hinterher jagenden Wesen, zu denen wir uns oft selber machen. Deshalb sollten wir sie uns gönnen, die Fluchten, nicht nur den Jahresurlaub, sondern auch die kleinen Fluchten zwischendurch dorthin, wohin wir auch und existenziell gehören, wo wir *sein* können – in die Natur um uns herum, von der wir leben und in der wir zu Hause sind, in der wir Naturwesen sein dürfen. Sinnlich, uns bewegend, ruhend die Natur erfahren und uns in ihr selber wieder finden können und dann – gestärkt und befreit – unsere Arbeit tun.

Alles ist fremdes Eigentum.
Nur die Zeit gehört uns:
Einzig dieses flüchtige,
leise enteilende Gut hat uns
die Natur wirklich
zu Eigen gegeben, und dennoch
vertreibt uns daraus
jeder Beliebige.

Seneca

Pause – Raus aus dem Hamsterrad

Zuviel Stress macht krank. Erwiesen, statistisch belegt und von vielen bereits am eigenen Leib durchlebt. Der Körper kann nicht mehr. Er sagt es eigentlich immer früh genug, wir hören nur nie darauf! Wir sehen die Anzeichen, aber ignorieren sie. Eine Auszeit ist nicht immer eine bewusste Entscheidung, in einigen Fällen nimmt sich der Körper die Zeit, die er braucht und alles was du tun kannst, ist dies zu akzeptieren. Dieser Zustand des Ausgebranntseins (Burnout) entwickelt sich in einem Prozess aus steigender emotionaler und körperlicher Erschöpfung durch tägliche hohe Belastung, Leistungsdruck und unbefriedigende Lebenssituationen. Es sind nicht nur äußere Faktoren (Arbeit), die zu einem Burnout führen, sondern immer auch innere Faktoren (Persönlichkeit).

Viele Menschen erkennen, dass sie etwas an ihrem Lebensstil ändern müssen, um einen Burnout zu vermeiden oder zu heilen. Der Heilungsprozess gelingt in den meisten Fällen nur, wenn man sein gesamtes Verhalten umstellt. Es dauert lange bis diese Wunde heilt. Wer einmal einen Burnout hatte, ist leicht anfällig für einen zweiten, wenn sich nichts ändert oder man wieder in das alte Schemata verfällt.

Eine bewusste Auszeit nach einem Burnout kann den Heilungsprozess unterstützen, besonders wenn es darum geht, sich ein neues Lebenskonzept aufzubauen oder um herauszufinden, wie man fortan sein Leben gestalten möchte. Teresa hat diese Erfahrung gemacht und erzählt im Rückblick, wie ihr die Auszeit bei der Neuorientierung geholfen hat.

Burnout mit Folgen

(von Teresa)

Der Burnout hatte sich leise angeschlichen und ich habe es zuerst auch nicht wahrhaben wollen. Ich denke im Nachhinein, dass die Gegebenheiten im Job nicht wirklich der einzige Grund waren. Es betraf meine gesamte Lebensweise. Ich hatte einen sehr hohen Anspruch an mich selbst und an meine Arbeit. Ich wollte immer alles perfekt machen, stets für alle da sein und andere glücklich machen. An mich habe ich dabei zuletzt gedacht. Mein Ehrgeiz wurde belohnt: als rechte Hand meines Chefs bekam ich mehr Verantwortung und konnte geschäftlich oft nach Indien und England reisen. Auch privat habe ich für meine Freunde und Familie immer versucht, vollen Einsatz zu leisten.

An einem Punkt hat mein Körper plötzlich begonnen, mir zu zeigen, dass ich mich ausruhen soll. Es begann mit gelegentlichen Schwindelgefühlen und vielen Erkältungskrankheiten. Ich habe alles ignoriert und, um trotzdem weiterhin meine Leistung halten zu können, viel Kaffee getrunken. Dann kam aus heiterem Himmel eine Panikattacke, Angststörungen und plötzlich ging gar nichts mehr. Zusammengefasst denke ich, dass mich mein eigener Perfektionismus, die anonyme Konzernwelt, das stressige Großstadtleben Berlins und der lange tägliche Arbeitsweg krank gemacht haben. Als mein Burnout diagnostiziert wurde, habe ich eine körperorientierte Psychotherapie begonnen.

Langsam habe ich wieder gelernt, mich zu fühlen und wieder Mut zu fassen. Parallel dazu nahm ich Reiki und Massagen in Anspruch. Nach einem Jahr Therapie habe ich zusätzlich eine Yogalehrer-Ausbildung begonnen. Auch das ist eine Art Therapie für mich. Yoga ist mehr als Körperarbeit. Es ist eine physische und psychische Reinigung, die hilft, das seelisch-körperliche Gleichgewicht wieder herzustellen.

Meinen Job im Konzern habe ich anschließend gekündigt. Die Arbeit hatte mich schon seit einiger Zeit nicht mehr mit Freude erfüllt, ich habe nur noch funktioniert. Dabei hatte ich oft das Gefühl, austauschbar zu sein und nur eine Rolle zu spielen. Mein Plan war es dann, mir eine Auszeit zu nehmen und auf dem Jakobsweg pilgern zu gehen. Doch ich wurde plötzlich schwanger und entschied mich stattdessen bewusst für zwei Jahre Elternzeit. Dies war dann meine Auszeit.

Diese Zeit und mein Muttersein haben mir geholfen, die Welt mit anderen Augen zu sehen. Ich gehe die Dinge jetzt entspannter an und je entspannter ich bin, desto mehr Freude habe ich am Leben. Ich lasse mich nicht mehr vom vielen Geld locken, wichtiger ist mir Freude und Erfüllung bei der Arbeit und im täglichen Leben. Ich bin dankbar für alles, was ich durchgemacht habe und möchte dies nun meiner Umwelt zurückgeben. Mein Burnout und meine Auszeit haben mich viel gelehrt, über die Dinge, die wirklich wichtig sind im Leben. Mein Ziel ist es nun, eine gute Yogalehrerin zu werden, um Schwangeren und jungen Mütter helfen zu können.

Stress und Unzufriedenheit im Beruf sind die häufigsten Gründe für eine Auszeit. Es muss jedoch nicht immer gleich ein Burnout sein. Wer innerlich spürt, dass er an seine Grenzen stößt und eine Pause braucht, kann sich bewusst für längere, regelmäßige Auszeiten entscheiden und die Batterien wieder aufladen. Pausen in jeglicher Form bringen Regeneration, frische Motivation und neue Ideen. Ein normaler Urlaub vermag diese Resultate oft nicht zu leisten. In der Regel ist ein Mensch erst nach zwei bis drei Wochen das allerste Mal wieder so richtig entspannt und an diesem Punkt muss er dann schon wieder zurück zur Arbeit. Es dauert seine Zeit bis der Strom der Gedanken leiser wird und man in einen langsameren Rhythmus kommt.

Ich muss nochmal raus, bevor es ernst wird

Als Kinder haben wir große Träume, doch Kindheitsträume sind wie Schuhe, aus denen man herauswächst. Im besten Falle behalten wir diese bis zu dem Punkt, an dem es tatsächlich darum geht, einen Beruf für sich zu wählen. Hier werden wir dann mit der Realität konfrontiert: Der Notendurchschnitt ist zu schlecht, die Studiengebühren zu hoch oder die Universitätsstadt zu weit entfernt von der erst kürzlich gefundenen neuen Liebe. Also gehen wir Kompromisse ein. Anstelle des Architekturstudiums versuchen wir es mit dem Bauingenieur. Oder statt des Psychologiestudiums mit einem Heilpädagogikstudium. Hochmotiviert stürzen wir uns ins Studium, dass sich plötzlich aus unerklärlichen Gründen immer zähflüssiger in die Länge zieht. So haben wir uns das eigentlich nicht erträumt. Irgendetwas fühlt sich falsch an. Irgendetwas passt nicht mehr. Aber wir bringen es zum Abschluss, nicht mehr ganz so motiviert. Wir wissen nicht, ob die Richtung stimmt. Zu viele leben die Starrheit eines eingeschlagenen Weges vor. Die Karriereleiter nach oben zu steigen, erscheint zunehmend bedeutungslos. Wir würden lieber querfeldein laufen, öfter einmal abbiegen, die Richtung ändern, uns ausprobieren … Die Strukturen erscheinen so fest, dass es einem Angst macht, sich willentlich als Glied in die mühlenden Zahnräder der „Nine-to-Six"-Gesellschaft einzuordnen. So soll es jetzt sein für die nächsten gefühlten hundert Jahre? Wir fühlen uns noch nicht bereit dafür. Noch ein letztes großes Abenteuer, noch ein bisschen länger Zeit … Wir wollen die Welt sehen, bevor wir wissen, wie wir sie gestalten möchten. Und auf dem Weg finden wir vielleicht Antworten auf all die nagenden Fragen, die uns plötzlich das Leben stellt. Was will ich machen, was will ich sein, wo will ich hin?

Ich hatte den Geschmack eines festen Jobs nach dem Studium bereits für eine Weile gekostet, doch irgendwie hinterließ er einen undefinierbaren Beigeschmack – vielleicht weil es auch noch nicht das Richtige war. Aber was kann man schon erwarten als Berufseinsteiger? So richtig war ich jedenfalls noch nicht bereit für die Arbeitswelt, das Leben rief nach Abenteuer und ich antwortete diesem Ruf mit einer Reise um die Welt. Ich war der festen Überzeugung, dass mir eine Weltreise genügend Zeit und neue, weltbewegende Eindrücke geben würde, um Antworten auf die für mich zu dieser Zeit wichtigen Fragen zu finden.

Ähnlich erging es auch Rebecca. Sie war eigentlich zufrieden mit ihrer Berufswahl. Dennoch fühlte sie sich noch nicht bereit, sich fügsam in den wartenden Berufsalltag einzugliedern. Zu sehr erschien es ihr wie ein Gefängnis und so entschloss sie sich dem noch eine Weile aus dem Weg zu gehen.

Auszeit in Nepal
(von Rebecca)

Frisch mit dem Studium fertig, war ich bereit für ein Abenteuer. Dem, was eigentlich dran gewesen wäre – einen Job suchen, eine Stadt auswählen und sesshaft werden – wollte ich noch erfolgreich eine Weile aus dem Weg gehen, erschien es mir doch eher wie eine Bindung an alteingesessene Muster und Strukturen. Ich wollte es anders machen. Egal was. Aber anders. Ich wollte etwas erleben. Ich wollte aussteigen. Ich wollte Erfahrungen sammeln. Vor allem aber wollte ich mir selber beweisen, dass ich dazu in der Lage bin, weit weg von allem, was mir vertraut ist, zurecht zu kommen. Über ein paar Zufälle und ein gewisses Maß an Spontanität bin ich dann auf die Idee gekommen, in Kathmandu in einem Kinderheim mitzuarbeiten. Gefunden hatte ich es über das Internet. Eine Mail war ausreichend und ich hatte eine vage Zusage, dass ich vorbeischauen könne. Das reichte mir. Ich hatte diese Vorstellung, dass man mich sowieso brauchen würde in einem Kinderheim in Nepal. Dass das Heim nur darauf gewartet hätte, dass ich diesen armen Kindern helfe. Ich hätte mir diese Anmaßung mit Sicherheit nicht so eingestanden, aber unbewusst war sie garantiert ein Beweggrund dafür gewesen, im nächstbesten Reisebüro ein Flugticket zu kaufen und mich mit einer unflexiblen Reisebüroangestellten darüber zu streiten, dass „irgendwann in ein paar Monaten" nicht als Rückflugdatum ausreicht.

Leider hatte niemand dem Kinderheim gesagt, dass ich ihre blonde Retterin war. Und somit wurden mir meine idealisierten Vorstellungen schon sehr bald ausgetrieben durch die einfache Methode der Nichtbeachtung meiner Person. Schnell fand ich heraus, dass die Fluktuation an Volontären in dem Heim derart hoch war, dass die Kinder kaum mehr Notiz davon nahmen, dass ich neu da war. Sie nannten mich wie alle anderen „Aunty", und waren, wann immer ich da war, unglaublich lebensfroh, fröhlich und kreativ im Finden von Beschäftigungsmöglichkeiten. Genauso waren sie allerdings auch, wenn ich nicht da war. Und so blieb mir nichts anderes übrig, als mich schnell daran zu gewöhnen, dass meine Anwesenheit nicht unbedingt erforderlich war.

Natürlich stürzte es mich in eine Sinnkrise, denn ich hatte ja eigentlich die Welt retten wollen und wurde nun damit konfrontiert, dass diese sich gar nicht retten lassen wollte. Und nicht nur das, sondern die Kinder hatten es auch gar nicht nötig, gerettet zu werden. Sie waren glücklich und zufrieden, denn sie hatten drei Mahlzeiten am Tag und ein Dach über dem Kopf und jede Menge Spielgefährten. Es schien alles zu laufen, jeder kannte seine Aufgaben und seine Rolle (abgesehen von mir) und war damit zufrieden.

So kam es, dass ich meine Anwesenheit im Heim auf ein Minimum reduzierte. Das ewige Gefühl, nutzlos zu sein, nagte zu sehr an mir, um noch weiter dort zu bleiben. Das stellte mich allerdings schnell vor andere Probleme, denn auf einmal hatte ich jede Menge Zeit, die es zu füllen gab.

Ich hatte sonst keine Termine. Auch keine Struktur, keinen äußeren Zwang – niemand, der mir irgendetwas vorgab. Nur viele Stunden, die ich mit irgendetwas verbringen musste. Ich wurde gut darin. Als erstes nahm ich die alltäglichen Notwendigkeiten und dehnte sie auf mindestens das doppelte bis dreifache der Zeit aus. Danach saß ich viel auf diversen Dachterassen, trank Tee und tat – nichts. Manchmal hörte ich Musik. Manchmal schrieb ich auch wieder. Und manchmal tat ich wieder nichts.

Und die gesamte Zeit über hatte ich das Gefühl, etwas zu verpassen. War es das, weswegen ich nach Kathmandu gefahren war? Für Dachterassen und Tee? War das die Ausnahmeerfahrung, der ich mich stellen wollte, um an meine eigenen Grenzen zu geraten? Wieder war ich sehr ungnädig mit mir selber. Ich kam mir touristisch, faul und komfort-gewöhnt vor. Ich hatte das Gefühl, wenn ich nicht mindestens in einer kleinen Höhle lebe, mich ständig vor gefährlichen Tieren in Acht nehmen muss und lerne, in der Wildnis zu überleben – dann ist es keine Erfahrung, die es sich zu machen lohnt. Ich war sauer auf mich selber, weil ich extra so weit weg gereist war, um etwas Anderes zu erleben und nun doch genau dem entfloh. Ich ließ mich einlullen in die touristenfreundlichen Annehmlichkeiten von Thamel, Kathmandus Touristenbrutstätte. Ich bekam alles, was ich wollte. Ich war weit entfernt von dem asketischen Leben, das ich mir eigentlich vorgestellt hatte. Und ich hatte nicht den Mut, mir dieses außerhalb von Kathmandu zu suchen. Also saß ich fest. Und akzeptierte. Ich akzeptierte, dass es wohl manchmal seine Zeit braucht, um etwas zu erleben. Und dass ich es eh nicht ändern konnte, denn sonst hätte ich es ja bereits getan. So viele Leute hatten mich als mutig bezeichnet, als sie von meinen Auszeitplänen gehört hatten und vielleicht hatten sie Recht gehabt. Vielleicht musste ich jetzt erstmal meinen eigenen Mut verdauen.

Dann lernte ich bei einem Trek durch den Himalaya Naresh kennen und dies war wohl der Wendepunkt meiner Reise. Sechs Tage gemeinsames Wandern und eine gemeinsame Liebe für schnulzige Liebeslieder schweißte uns recht schnell, recht nah zusammen. Mit ihm lernte ich die Welt der Nepalesen besser kennen. Mit Naresh erlebte ich genau das, was ich erleben wollte. Er nahm mich mit auf die Hochzeit eines reichen Nepalesen, auf der ich vollkommen underdressed Salsa tanzte. Er nahm mich mit in die kleinen Dörfer, in denen er für die Kinder der ‚Kaste der Unberührbaren' Schulen gebaut hatte und gemeinsam schleppten wir dorthin kiloweise gespendete Mützen und Handschuhe, nachdem unser Bus von einer aufgestachelten Dorfgemeinschaft in Besitz genommen wurde. Und er nahm mich mit auf lange Motorradtouren. Er zeigte mir die kleinen und großen Sehenswürdigkeiten der Umgebung. Er zeigte mir glitzernde Parties der Reichen, auf denen ohne Unterlass Whisky und Wein getrunken wurde. Und er zeigte mir eine sechsköpfige Familie, die am Rande eines kleinen Dorfes in einer Höhle wohnte und auf Spenden der Nachbarn angewiesen war. Noch heute ist der Anblick der abgemagerten Mutter, die mich mit einem zahnlosen Lächeln und einem Neugeborenen an der Brust begrüßte, tief in meinem Gedächtnis.

Ich, hinten auf Nareshs Motorrad, während er das Ding mit einer bewundernswerten Geschicklichkeit durch das Chaos des nepalesischen Verkehrs manövrierte – das wurde zu meiner zweiten Haut. Nach einer Weile zog ich bei ihm ein. Wir waren nur Freunde, wenn auch die steigende Zuneigung von seiner Seite aus durchaus offenherzig und sichtbar war. Ich hielt ihn auf Abstand. Ich wusste, die Gefühle, die ich für ihn hatte, waren von einer Intensität, die leicht mit Liebe verwechselt werden konnte. Die aber nicht Liebe war. Er bewegte viel in mir und dennoch wusste ich, dass ich ihn irgendwann verlassen musste, um weiterzureisen. Vielleicht weil ich instinktiv fühlte, dass ich ihn nicht erretten konnte und dass das tiefe Gefühl, das ich für ihn empfand, nicht die Liebe ist, die es braucht, um mit jemanden das Leben zu teilen. Auch wenn das Leben, das er mir vorschlug, äußerst reizvoll war. „If you are my wife, I will care for you for the rest of my life." Ich empfand es als wahnsinnig interessante Option, ja zu sagen. Da war dieser Teil in mir, der bereit war, komplett nach Nepal auszuwandern. Einfach die Verantwortung an diesen Mann abgeben und in diesem wunderbaren Land bleiben … das alles war so verlockend. Was passiert, wenn eine Auszeit dazu führt, nicht mehr in sein altes Leben zurückkehren zu wollen? Ist diese Gefahr immer da? Zumindest bei mir löste Nepal das aus.

Erst nach vier Wochen, in denen ich wie gelähmt in Nareshs Wohnung saß, unfähig zu gehen, aber auch nicht überzeugt davon, bleiben zu wollen, schaffte ich es endlich, mir ein Busticket Richtung nepalesisch-indische Grenze zu lösen. An dem Tag, an dem ich nach Indien aufbrach, brachte er mich zum Bus. Ich sehe ihn noch heute da stehen. „This is the saddest thing I had to do in my life" meinte er zu mir. Und ich war mir überhaupt nicht sicher, das Richtige zu tun. Doch ich zog es durch und begann ein vollkommen neues Kapitel meiner Reise in Indien.

Ich habe mich oft gefragt, ob meine Auszeit in Kathmandu, mit allem, was damit zusammenhing nicht eigentlich eine Flucht vor mir selber war. Anfangs habe ich mich mit einer Tasse Tee auf diverse Dachterrassen geflüchtet. Dann in Nareshs Welt. Aber wo blieb ich bei all dem? Ich vermute, das war vielleicht auch der Grund, warum ich dann doch irgendwann wieder meinen Rucksack gepackt habe. Ich zwang mich, mich wieder mit mir selber zu beschäftigen. Waren meine Erwartungen an meine Reise im Endeffekt nichts anderes als der Wunsch, mich selber zu finden? Aber findet man sich nur dann, wenn man alleine ist? Im Nachhinein bin ich mir da nicht mehr so sicher. Meine Umgebung änderte sich. Die Menschen, die mich begleiteten auch. Aber ich … ich war immer dabei. Und dieses ‚Ich', das lernte ich dabei immer besser zu definieren. Ich erkannte, wie unterschiedlich ich mich bei verschiedenen Menschen darstellte. Und dass ich doch beeinflussbarer war, als ich es mir je eingestehen wollte. Ich lernte auch, was ich eigentlich möchte und was mir gut tut, und was ich vielleicht doch besser in Zukunft vermeide. Aber was ich vor allem von meiner Reise mitnehme, ist das Wissen, dass die Welt mit ihren Menschen ein unglaublich bunter Ort ist. Und diese Erfahrung bereichert mich auch heute noch – in meinem ganz normalen Leben mit einem festen, sicheren Job und einem ganz normalen Alltag.

An der Geschichte kann man besonders deutlich erkennen: Jeder Schritt, den du tust, führt zu etwas und wenn du Glück hast, zu etwas ganz Besonderem, wofür du dein Leben dankbar bist! Nicht immer werden Erwartungen erfüllt, dafür geschieht aber etwas Anderes, welches man dankbar annehmen kann. Lass dich vom Leben leiten.

Kristina ist in ihrer Auszeit der Liebe ihres Lebens begegnet und lebt jetzt glücklich verheiratet in Australien. Florian hatte Agrarwissenschaften studiert und wollte nach dem Studium auch nochmal raus. Er ist mit einem Freund für sechs Monate durch Afrika gereist und hat Entwicklungshilfe geleistet. Während dieser Reise ist ihnen die Geschäftsidee für *Pocketvillage* gekommen, mit der sie sich nach Rückkehr umgehend selbständig gemacht haben. *Pocketvillage* ist eine Meta-Suchmaschine, die außergewöhnliche Reiseangebote von Nischen-Reiseplattformen bündelt. Mittlerweile ist es ein sehr erfolgreiches Berliner Startup-Unternehmen.

Diese Geschichten zeigen, dass eine Auszeit auch ein Weg in eine neue Zukunft sein kann, von der du vorher noch nicht einmal geträumt hast …

Zeit für einen Traum

Ervin nimmt sich gerade eine halbjährige Auszeit, um Songs zu schreiben. Er hat seinen Job auf Eis gelegt und ist nach Berlin gekommen. Berlin ist eine vibrierende, kreative Metropole. Genau hier zu diesem Zeitpunkt möchte ich jetzt sein und mich ausprobieren, sagt er. Wenn nicht jetzt, wann dann? Valerie hat den Traum mit ihren eigenen Händen und Visionen etwas zu bauen und zu bewirken für Menschen in der dritten Welt. Sie ist von Beruf Bauingenieur und von früh bis spät an den Schreibtisch gefesselt. Mehr Theorie als Praxis. Für ein Jahr möchte sie davon nun eine Pause machen und für *Ingenieure ohne Grenzen* arbeiten.

Im Alltag fehlt oft die Zeit und Muße sich anderen Dingen, Taten und Visionen zu widmen. Verschiebe es nicht auf die Rente! Nimm dir eine Auszeit für kleine und große Träume. Stell dir vor, das Leben ist ein Spiel. Einmal über Los und bei jeder Runde bekommst du eine „Auszeit“-Karte geschenkt. Schreib ein Buch, lerne ein Instrument, baue ein Boot mit eigenen Händen, spiele Indiana Jones bei Ausgrabungen im südamerikanischen Dschungel, forsche nach den Ursachen der globalen Erwärmung auf einer Expedition in die Antarktis, lebe wie ein Fischer für eine Weile, falls du leidenschaftlicher Angler bist … Probiere dich aus und entdecke die Vielfältigkeit des Seins! Wer bist du und wie viele kannst du sein? Wie sehen deine Träume aus?

Richtungswechsel

Eines Tages stand John vor mir, unerwartet, in der Mitte eines unscheinbaren Donnerstages, an dem ich im Office blieb (mein Office war zu diesem Zeitpunkt der Gazebo am Pool auf Bali @ *StartupGetaway*). Und auf diese Weise manifestiert sich scheinbar die nötige Inspiration. John hat im letzten November ausgebrannt das Unternehmen *Facebook* verlassen und reist seither in der Welt umher. Einfach mal die Gedanken fließen lassen, sich vom Stress erholen und Energie für neue Projekte sammeln, sagt er. Diese Auszeit möchte er für einen Richtungswechsel nutzen.

Er hat auf Bali einen Monat lang eine Ausbildung zum Yogalehrer gemacht und ist nun auf dem Sprung nach Arizona für ein Wanderwochenende. John ist ein Visionär und gründet im nächsten Schritt diverse Startup-Unternehmen in San Francisco mit dem Ziel, seine Vision Realität werden zu lassen. Auf seiner Reise um die Welt sucht er nach Mitarbeitern, die seine Vision mit Herzblut teilen und für ihn arbeiten möchten.

Vision: Eine bessere Welt gestalten

(von John)

Wir haben die Verantwortung, die Welt auf menschliche Weise zu gestalten und weiterzuentwickeln. Niemand benötigt noch mehr Spiele-Apps, die nur darauf abzielen, Gewinn zu generieren, während in der dritten Welt immer noch Menschen hungern müssen. Warum nicht ein Prozent des Gehaltes jedes Menschen in der USA für diese Menschen spenden? Warum wächst der Egoismus unserer Welt immer weiter ins Unermessliche? Wir stehen an der Schwelle zu einer neuen Ära, die durch die neuen Technologien schneller Realität wird, als wir uns vorstellen können. Unsere Aufgabe ist es, mit diesen Technologien eine bessere Welt zu gestalten.

Erst die Möglichkeit, einen Traum zu verwirklichen, macht unser Leben lebenswert.

Paulo Coelho

Der Weg ist wirklich das Ziel!

Nichts ist stärker als eine Idee,
deren Zeit gekommen ist.
Victor Hugo

Und die Zeit rennt. Es ist, als zerrt sie dich unermüdlich an deiner Krawatte, einer unsichtbaren Zielgeraden entgegen. Hoch hinauf auf den Gipfel. Erst dann wirst du zufrieden sein. Das Erreichen des Gipfels steht für erfüllte Aufgaben und Ziele. Doch um ihn zu erreichen, müssen wir uns in der Regel körperlich recht anstrengen. Wir wollen etwas haben und geben alles dafür. Wenn der Gipfel zu klein war, finden wir einen größeren und so geht es unermüdlich weiter. Der Mensch ist dafür gemacht, sich immer höhere Ziele zu stecken. Was passiert, wenn du den Gipfel erreicht hast? Genießt du den Ausblick, das Gefühl von Zufriedenheit und den Rückweg ins Tal?

Über das Festlegen von Zielen für eine Auszeit kann man geteilter Meinung sein. Im Normalfall sind Ziele dazu da, dir bei der Planung und Orientierung auf dem Weg in die Zukunft zu helfen. Laut Definition ist ein Ziel ein in der Zukunft liegender angestrebter Zustand (Quelle: *Wikipedia*). Eine Auszeit ist jedoch dafür da, für eine Weile im Hier und Jetzt zu leben, ohne Zeitplan, Termindruck und feste Regeln. Mit der Definition von Zielen für deine Auszeit legst du dich möglicherweise schon wieder zu fest. Erwartungen können schnell enttäuscht werden, wenn du zu hoch gesteckte Ziele nicht erreichst. Auf diese Weise setzt du dich selbst unter Druck.

Ziele sind ein machtvolles Werkzeug. Sie haben die Kraft, dich zu Höchstleistungen zu motivieren und dich anzutreiben. Sogar in deinem Umfeld geschehen Dinge, die darauf ausgerichtet zu sein scheinen, dir bei der Erfüllung dieser Ziele zu helfen. Es ist nicht zu unterschätzen, welche Zugkraft Ziele haben können – wenn sie richtig formuliert sind. Wir haben alle schon erlebt, dass die Ziele, die sich jeder zu Jahresbeginn setzt, nur in den seltensten Fällen erreicht werden. Ziele sollten immer klar und eindeutig formuliert sein, nach einem Kriterium messbar, realistisch erreichbar sein sowie für einen konkreten Zeitraum definiert. Nur dann haben sie eine gute Chance auf Erfüllung.

Die Frage ist, möchtest du dir diese Zugkraft auf die eine oder andere Weise für deine Auszeit zunutze machen? Erscheint es sinnvoll, und wenn ja, auf welche Weise kannst du ein definiertes Ziel wirkungsvoll für dich nutzen? Angenommen dein ursprüngliches Motiv für eine Auszeit war der ewige Stress auf der Arbeit und der Wunsch nach einer Pause, um über deinen weiteren Lebensweg nachzudenken. Ein mögliches Ziel wäre beispielsweise, dass du am Ende der Auszeit einen genauen Plan haben möchtest, wie es nun weitergehen soll und wie du in Zukunft dein Leben gestalten möchtest. Doch wie erreichst du dieses Ziel? Ich denke an dieser Stelle ist solch ein Ansatz fast kontraproduktiv. Stell dir vor, wie unzufrieden du mit der Situation sein wirst, wenn das Ende deiner Auszeit naht und du keinen Aha-Effekt hattest oder keine neue Idee, was du nun machen möchtest. Es ist sicherlich nicht falsch, wenn du dir grobe Ziele setzt. Gib dir jedoch die Freiheit, dass es kein Versagen deinerseits sein wird, wenn du dieses Ziel nicht erreichst. Katharina ist beispielsweise mit dem Ziel losgezogen, ihren Liebeskummer zu überwinden. Aber wer kann ihr garantieren, dass es funktionieren wird? Rebecca wollte ihren Teil dazu beitragen und einen Teil der Welt retten. Bis sie feststellen musste, dass dieser eine Teil der Welt scheinbar gar nicht von ihr gerettet werden wollte. Raphael ist zwei Jahre um die Welt gereist, in der Hoffnung, herauszufinden, was er machen möchte. Als er zurückkehrte, hatte er immer noch keine Idee. Dies sind nur einige Beispiele, die zeigen, dass es manchmal ein besserer Ansatz sein kann, wenn du die Ziele im Hinterkopf behälst und vor allem im Hintergrund. Setz dich nicht unter Druck, sondern lass die Dinge einfach mal laufen. Wie Konfuzius sagte: „der Weg ist das Ziel"… Genieß den Weg, den du im Jetzt beschreitest und beobachte, was sich auf diese Weise entwickelt und wie sich Dinge fügen – wie Puzzleteile in einem Bild, dass zu groß ist, um es jetzt schon im Ganzen betrachten zu können. Vielleicht erlebst du während deiner Auszeit wundersame Dinge, die dich dorthin bringen, wo du sein möchtest, auch wenn dir jetzt noch nicht bewusst ist, wo das eigentlich ist. Das Leben hat oft eine eigensinnige Weise sich zu entfalten.

Ein anderes Beispiel: Du warst gestresst und möchtest die Auszeit nutzen, um zur Ruhe zu kommen. Dein Ziel ist klar formuliert, dass du während dieser Zeit und vor allem danach wieder ruhig und entspannt sein möchtest. Um dieses Ziel umzusetzen, erstellst du einen konkreten Plan, der die folgenden Aktivitäten enthält: drei mal wöchentlich Yoga, jeden Abend ein Buch lesen, am Tag drei gesunde Mahlzeiten auf Basis dieser speziellen Diät, drei Stunden am Tag in der Natur wandern und so weiter. Dies alles über einen Zeitraum von zwei Monaten … klingt nach einem Plan, denkst du. Ja, genau! Ich gehe jede Wette ein, dass du nach der ersten Woche von deinem eigenen Ruhe-Plan gestresst bist. Einer der Hauptgründe für die heutige Stressbelastung der Zeit ist die Zeit selbst. Alles ist bis ins kleinste Detail durchstrukturiert, nach einem festen Tagesablauf und nach vordefinierten Zeiten.

Die Lösung liegt im Ausbruch aus dem Rhythmus der Zeit, befreie dich von der Zeit und kreiere dir deine ganz eigene „Zeitrechnung". Wirf alle Uhren weg und lebe in den Tag hinein! Mach die Nacht zum Tag! Vergiss welcher Wochentag ist! Ziel jetzt erreicht?

Motive und Ziele stehen immer in direkter Abhängigkeit zueinander. Je nach Motiv und Beweggrund macht es mehr oder weniger Sinn, sich ein konkretes Ziel für die Auszeit zu setzen und dementsprechend über die Art und Weise der spezifischen Zielerreichung nachzudenken.

Braucht man also ein Ziel? Vielleicht, ein generelles. Aber musst du vorher für diese Zeit einen genauen detaillierten Plan machen? Nicht wirklich. Der Weg ist das Ziel. Gerade bei einer Auszeit geht es darum, die Zeit mal laufen zu lassen, sich von jeglichen Plänen und Termindruck zu befreien und kopfüber in ein Meer von Möglichkeiten einzutauchen. Wichtig ist, das generelle Ziel im Hinterkopf zu haben und hierbei geht es allein darum, was du tun möchtest während deiner Auszeit. Sei dir bewusst, eine Auszeit ist mehr als die Flucht aus dem Alltag oder Reisen, um die Welt zu sehen. Es ist mehr als etwas Gutes bei einem Freiwilligeneinsatz irgendwo zu bewirken oder eine neue Sprache zu lernen. Es ist viel mehr als dem Job zu entfliehen, der dich nicht erfüllt. Eine Auszeit ist dafür da, dass du machen kannst, was DU willst – und was DU schon immer mal machen wolltest. Wir lernen alle im Laufe unseres Lebens, dass wir gezwungen sind, uns den gesellschaftlichen Gegebenheiten anzupassen. Nicht immer entwickelt sich unser Leben, so wie wir es geplant haben oder uns gewünscht hätten. Manche wissen nicht einmal, was sie sich wünschen. Sie sind mit dem Studium oder der Ausbildung fertig und realisieren dann, dass es nicht das ist, wofür ihr Herz langfristig brennt. Andere stellen dies nach zehn Jahren im Berufsleben fest. Viele landen und bleiben in einem Job, der keinen Spaß macht, um sich den Lebensunterhalt zu sichern. Es existieren die unterschiedlichsten Zwänge von außen, nicht das machen zu können, was man eigentlich möchte. Eine Auszeit gibt dir die Chance, jeden Tag das zu tun, was DU tun möchtest. Und genau darum geht es bei der generellen Zielsetzung. Entscheide dich, was du tun möchtest und wenn du dies weißt, geht es „nur noch" darum, wie du dies umsetzen kannst.

Die Menschen sagen, dass sie einen Sinn für ihr Leben suchen.
Ich glaube nicht, dass es wirklich das ist, was wir suchen.
Ich glaube, dass wir nach der Erfahrung suchen, am Leben zu sein.

Joseph Campbell

Auszeit-Menü: Koste Lebenslust, Freiheit und Entdeckerfreuden des Seins

Wer nicht über seine Mittel lebt,
leidet an Fantasiemangel.
Oscar Wilde

Spürst du den Hunger auf das Leben? Auf die exotischen Genüsse grenzwertiger Erfahrungen, faszinierende Begegnungen mit einzigartigen Menschen, staunende Blicke in spektakuläre Landschaften, das Aroma von frischem Unbekannten, auf magische Momente? Ich übertreibe nicht. Keineswegs. Es gibt dieses eine gewisse Gefühl von Freude, dass dich von innen her strahlen lässt. Nicht nur, wenn du verliebt bist. Es ist diejenige Freude, die dich im Regen tanzen lässt. Die Welt steckt voller Überraschungen und Wunder! Wann bist du das letzte Mal hinausgegangen, um diese zu finden? Wann hast du das letzte Mal einen Augenblick mit all deinen Sinnen bewusst gekostet?

Die Möglichkeiten der Gestaltung deiner Auszeit sind so vielfältig wie das Leben selbst. Der erste Schritt diese für dich zu definieren, ist herauszufinden, was du in deiner freien Zeit tun möchtest. Diese Frage kann einen am Anfang überfordern, gerade aufgrund der vielen Möglichkeiten. Vielleicht weißt du schon genau, was du brauchst, vielleicht kommt dir eine Idee, wenn du dieses Kapitel gelesen hast oder vielleicht willst du einfach mal gar nichts tun? Du kannst während einer Auszeit auch in deinen eigenen vier Wänden bleiben. Wachstum, kreative Entwicklung und auch Erholung entwickeln jedoch das größte Potential in einer neuen Umgebung. Alles Neue, alles Unbekannte verwandelt dich. Nur wer sich auf das Unbekannte einlässt, entwickelt sich weiter. Jetzt drehst du dich im Kreis deiner eigenen bekannten Gedanken und bekannten Vorstellungen, wirst zum Wiederkäuer. Verstecke dich nicht länger in der Wiederholung!

Es ist nicht möglich, an der Oberfläche zu bleiben, wenn es darum geht, die richtige Auszeit für dich zu wählen. Du wirst dich mit dem auseinandersetzen, was dich bewegt und wofür dein Herz brennt. Du weißt selbst am besten, was das Richtige ist. Wenn du es nicht weißt, stelle die Frage in den Raum. Die Antwort wird kommen.

Es gibt ein Buch mit dem Titel „*Ich könnte alles tun, wenn ich nur wüsste, was ich will*“. Die Autorin beschreibt, wie wir wieder Zugang zu unseren Wünschen und Träumen finden und diese verwirklichen können. Es gibt in der Tat viele Menschen, die nicht wissen, was sie tun könnten, wollen würden oder sollten. Aber in jedem flackert eine kleine Flamme. Solch eine Flamme, wie sie in den Augen derjenigen brennt, die ihr Tun und Sein mit ihrer absoluten Leidenschaft füllen, jeden Tag. Es gibt diese Menschen. Ich bin unzähligen von ihnen begegnet und ich hoffe, dass andere Menschen auch diese Flamme in meinen Augen sehen.

Finde DAS, was dein Herz zum Tanzen bringen würde. Ausgelassen, kopflos, im perfekten Takt zum Rhythmus einer Musik, wie nur du sie hören kannst. Denn es ist deine Musik. Entwickle eine Vision für deine Auszeit, wo siehst du dich? Finde heraus was du willst … wo bist du und für wie lange? Was genau möchtest du machen? Versuche dies in einem Satz zusammenzufassen.

Anschließend schiebe deine Ängste beiseite und öffne die Tür für das Unbekannte ...

Persönliche Projekte

Oft ist im Alltag nicht ausreichend Zeit, die eigenen Hobbies zu genießen oder persönliche Interessen zu verfolgen. Nach einem achtstündigen Arbeitstag noch voller Elan zum Spanischkurs zu gehen, wird irgendwann zu einer weiteren Pflichtveranstaltung. Spanisch dagegen bei frischer Paella, gekühltem Weißwein in entspanntem Ambiente direkt am Meer katapultiert deine Aufnahmefähigkeit in ein ganz anderes Level. Sei es ein Sprachkurs, eine Weiterbildung in Kunst, Sport, Kultur oder Wissenschaft oder eine Auszeit für die eigene Familie. All diese unendlichen Möglichkeiten und Wege abseits vom Trubel der beruflichen und privaten Pflichten ermöglichen es dir, deinen Horizont zu erweitern und dich auszuprobieren. Deiner Fantasie sind hier keine Grenzen gesetzt. Die wahre Geschichte von Elizabeth Gilbert in dem Buch bzw. im Film „*Eat Pray Love*“ ist ein schönes Beispiel, wie sich eine persönliche Auszeit gestalten lässt. Eine Frau jenseits der 30 geht für drei Monate auf sprachliche Entdeckungsreise durch die Diversität kulinarischer Genüsse in Italien, drei Monate auf innere Erkenntnissuche in einem Ashram in Indien und drei Monate nach Bali.

Wenn du als Kind Archäologie studieren wolltest, warum sich nicht für ein Sommersemester an einer internationalen Universität einschreiben? Wusstest du, dass man selbst Abenteurer-Kurse belegen kann? Lernen, wie man in der Wildnis überlebt für einige Wochen (sog. Outdoor Survival Training). Möchtest du einmal um die Welt segeln? Wird Zeit einen Segelkurs zu belegen, oder? Gehe auf Tauchsafari, breche einen Weltrekord, erfinde etwas

Neues, schreibe ein Buch, drehe einen Film, lebe auf einer einsamen Insel, beteilige dich an einem Forschungsprojekt, tue etwas gegen die globale Erwärmung, fliege ins Weltall, baue etwas Großes, ... Selbst diese Ideen sind noch zu limitiert von dem uns Bekannten. Richard Branson hat ein Flugzeug gebaut und es ermöglicht ins All zu fliegen. Die Begrenzung ist immer nur in deinem Kopf, alles ist möglich! Jeden Tag gehen tausende kreative Ideen verloren, weil die Menschen keine Zeit oder den Mut finden, diese umzusetzen. Oder nicht glauben, dass sie es können. Wenn du jetzt argumentierst, dass dies ja alles ganz nett klingt, aber du gar nicht weißt, wie du es anstellen sollst, recherchiere! Finde die Menschen, die dir weiterhelfen können oder die sogar wissen, wie es geht und stelle den Kontakt her. Wenn dir das Geld fehlt, finde Menschen, die dir helfen oder dein Projekt unterstützen.

Im Grunde genommen geht es um Selbstverwirklichung. Lebst du dein Leben nach deinen Vorstellungen oder nach den Vorstellungen anderer? Für ein erfülltes Leben ist Selbstverwirklichung, also ein Leben im Rahmen der eigenen Stärken und Potentiale mit vielfältigen Entwicklungsmöglichkeiten, essentiell. Hier ist also deine Chance, dir das Leben so zu gestalten, wie du es dir in deinen kühnsten Träumen ausmalen würdest. Oder etwas zu tun, was du wenigstens einmal im Leben tun möchtest.

Zeit für die Familie

Was ist im Leben am wichtigsten? Familie, ist eine häufig genannte Antwort, und diese kommt im täglichen Berufsleben oft zu kurz. Wie viele junge Väter würden sich wünschen, länger zu Hause zu bleiben, um ihren Sohn aufwachsen zu sehen? Wie viele junge Mütter würden sich wünschen noch ein weiteres Jahr mit dem Kind zu Hause zu bleiben? Immer mehr Paare entscheiden sich, die Elternzeit aufzuteilen, so dass beide in den Genuss kommen, mit dem Kind zu Hause zu bleiben. Werdende Eltern haben gesetzlichen Anspruch auf Elternzeit bis zum dritten Geburtstag des Kindes. Diese Zeit können sie flexibel untereinander aufteilen, es muss jedoch vorab mit dem Arbeitgeber abgestimmt werden. Mach dir bewusst, dass auch eine Elternzeit eine wertvolle Auszeit ist. Zeit für dich und deine Familie. Plant die Elternzeit gemeinsam wie einen Urlaub und entwickelt für euch eine Vision. Die Zeit nur quantitativ zu planen reicht nicht aus, um aus ihr ein qualitatives Erlebnis zu schaffen. Nur zu schnell fliegt das erste Jahr vorbei und außer Schlafmangel ist dann nichts gewonnen. Das so etwas funktioniert zeigt Claudia, frischgebackene Mutter in Elternzeit, gerne unterwegs und schon immer etwas abenteuerlustig. Mit Mann, vierjährigem Sohnemann und einem drei Monate altem Baby nutzt sie die Elternzeit für eine Weltreise. Von Hamburg führt die Reise nach Singapore, Sydney, Neuseeland, Hawaii, USA und in die Karibik. Alles zu den Vorbereitungen, Tipps und Tricks sowie alle Abenteuer von unterwegs gibt es zum Nachlesen auf dem Blog www.flugadler.wordpress.com.

Eine weitere Möglichkeit, sich Zeit für die Familie frei zu schaufeln, sind Mutter-Vater-Kind-Kuren, die von der Krankenkasse gefördert werden. Eventuell gibt es auch bald eine Großelternzeit, je nachdem wie sich die CDU-Politik durchsetzen kann. Im Gespräch ist seit 2012 eine Großelternauszeit, die berufstätigen Großeltern das Recht auf berufliche Freistellung und Kündigungsschutz einräumen soll, wenn sie ihre Enkelkinder betreuen.

Eine Pflegeauszeit ist häufig ein Grund, um sich während einer Auszeit intensiv um Familienmitglieder kümmern zu können bzw. diese zu pflegen. Dies kann zum Beispiel der Fall sein, wenn ein Familienmitglied an Krebs erkrankt. Seit 2012 gibt es eine gesetzliche Regelung, die es Angestellten ermöglicht, ihre Arbeitszeit für maximal zwei Jahre auf bis zu 15 Stunden die Woche zu verringern.

Während dieser vereinbarten Zeit wird vom Arbeitgeber ein Gehaltsvorschuss gezahlt, der im Anschluss vom Arbeitnehmer durch geringere Bezüge wieder ausgeglichen wird. So ist es möglich, sich finanziell abgesichert während schwierigen Zeiten, um Angehörige zu kümmern. (Recherche zu aktuellen Regelungen unter dem Stichwort: Familienpflegezeit, www.familien-pflege-zeit.de)

Freiwilligenarbeit im Ausland

Hanna nimmt sich gelegentlich eine Auszeit für soziale Projekte. Sie will etwas bewegen in der Welt und hat gemerkt, dass ihr Herz Purzelbäume schlägt, wenn sie für andere etwas tun kann. Ihr täglicher Job im Verlagswesen hat sie nicht annähernd so befriedigt, aber immerhin den Kühlschrank gefüllt. So wie Hanna geht es vielen. Wer oft auf Reisen ist, stellt fest, wie wichtig die einzelne „gute Tat" in einigen Ländern ist – wenn jeder mit anpackt und Menschen anderen Menschen helfen. Freiwilligenarbeit geht in die unterschiedlichsten Richtungen. Kinderbetreuung, Unterricht, Tierschutz, Naturschutz, Aufbau von Infrastruktur oder besondere Projekte im Tourismus – weltweit existieren hunderte von Möglichkeiten, sich freiwillig zu engagieren. Freiwilligenarbeit hat sich mittlerweile zu einem extensiven Wirtschaftszweig entwickelt. Unterrichte zwei Wochen lang buddhistische Mönche in der englischen Sprache in Thailand, helfe beim Wiederaufbau eines Tempels in Bali, arbeite acht Wochen auf einer Pferdefarm in Chile, unterstütze den Aufbau einer Fotodatenbank während einer Fotosafari durch Wildtierreservate in Südafrika oder engagiere dich in Pflanzenschutzprojekten ein halbes Jahr in Australien. Die Zeitspanne reicht von zwei Wochen (z. B. Workcamps) bis zu ein oder zwei Jahren. Die meisten Projekte sind offen für jedermann ab 17 Jahre und ohne berufliche Vorkenntnisse in dem jeweiligen

Bereich machbar. Sei dir jedoch bewusst, dass du für den Großteil der Kosten selbst aufkommen musst. Unterkunft und Verpflegung werden in der Regel gestellt. Kosten für Flug, Visa, Krankenversicherung und weitere Ausgaben vor Ort müssen jedoch von den Teilnehmern selbst getragen werden. Einige Organisationen verlangen eine Vermittlungsgebühr für die Suche nach einem geeigneten Projekt basierend auf deinen Kenntnissen und Erfahrungen. Auch für die örtliche Projektleitung ist es wichtig, dass du ins Team passt. Voraussetzungen für die Teilnahme an einem freiwilligen Arbeitseinsatz oder Workcamp sind eine große Portion Enthusiasmus, Selbständigkeit, Flexibilität und Anpassungsvermögen, sich auf die Lebens- und Arbeitsbedingungen vor Ort einzustellen. Nicht jedem fällt es leicht, sich auf die lokalen Gegebenheiten, wie z. B. einfache Unterkünfte ohne fließend Wasser und Elektrizität, begrenzte Infrastruktur oder unkoordinierte Arbeitsweisen unvoreingenommen einzulassen. Teamarbeit wird groß geschrieben. Einige Organisationen führen nach der ersten Interviewrunde ein gemeinsames Wochenende mit teambildenden Maßnahmen mit den Teilnehmern durch. Weitere Voraussetzungen sind gute Englischkenntnisse (teilweise ein TOEFL-Test), ein polizeiliches Führungszeugnis und ein medizinischer Gesundheitsnachweis, um zu zeigen, dass du fit genug bist. Neben den Vermittlungsorganisationen gibt es die Option, dass du dich selbst an örtliche Einrichtungen wendest. Google „Volunteer Bolivia" zum Beispiel und du findest zahlreiche internationale Kontaktadressen, an die du dich wenden kannst oder auf diese Weise sogar Projekte, die nichts kosten. Allerdings gibt es auch schwarze Schafe in diesem Bereich, die dich ausbeuten. Achte darauf, dir immer Referenzen von Ehemaligen geben zu lassen und recherchiere ausreichend Details über die betreffende Organisation oder das Projekt. Freiwilligenarbeit ist eine intensive, herausfordernde Erfahrung, bei der du viel über andere

Kulturen und über dich selbst lernst. Die Unterkunft in Gastfamilien bringt dich dem Land und den Menschen näher, als du es auf einer normalen Reise je sein kannst. Jeder, der schon einmal im Ausland gelebt hat, weiß um die wunderbaren Erlebnisse, die durch den Kontakt zu Einheimischen entstehen können. Man gelangt an eindrückliche Orte, die in keinem Reiseführer stehen, man lernt Dinge von anderen Kulturen, die einem neue Blicke auf die eigene Welt ermöglichen, man gewinnt Freunde auf der anderen Seite der Welt und man lernt eigentlich erst jetzt, was Geben und Nehmen für einen selbst bedeuten kann.

Eine umfangreiche Informationsquelle rund um das Thema Freiwilligenarbeit findest du auf www.freiwilligenarbeit.de oder www.entwicklungsdienst.de. Wenn du dich für einen solchen Einsatz interessierst, macht es Sinn, sich mindestens drei Monate vor der geplanten Auszeit zu bewerben. Bei einem ganzjährigen Einsatz ist ein Jahr der optimale Vorbereitungszeitraum.

Beachte folgende Punkte bei der Auswahl eines Freiwilligeneinsatzes:

- Was bietet die Organisation an und wie finanziert sie sich?
- Werden die Plätze direkt vergeben oder wird eine Agentur zwischengeschaltet?
- Wer kann teilnehmen und nach welchen Kriterien erfolgt die Auswahl der Teilnehmer?
- Wie sieht dein Tätigkeitsbereich im Detail aus?
- Welche Kenntnisse und Fähigkeiten werden für den Einsatz benötigt?
- Wann ist Bewerbungsschluss?
- Wird eine Anzahlung verlangt? Falls ja, wird diese ggf. zurückerstattet?
- Wo ist der genaue Einsatzort?

- Kann man den Einsatz vor Ort verlängern?
- Wieviel kostet es und was ist im Preis enthalten?
- Bist du der einzige Volunteer in dem Projekt oder gibt es weitere in der Nähe?
- Welche Art von Unterkunft wird gestellt?
- Wie sind die Regulationen vor Ort im Falle eines Notfalls?

Adressen staatlicher Programme für Freiwilligenarbeit im Ausland:
(keine Kosten für Teilnehmer, da diese Programme vom Staat oder der EU gefördert werden, teilweise Altersbegrenzung bis 30 Jahre)

- Freiwilliges Soziales/Ökologisches Jahr
- (www.foej.de und www.pro-fsj.de)
- Freiwilligendienst vom Bundesministerium (www.weltwaerts.de)
- Freiwilligendienst vom Auswärtigen Amt (www.kulturweit.de)
- Europäischer Freiwilligendienst (www.go4europe.de)
- Missionar auf Zeit (kirchlich, www.missionarin-auf-zeit.de)
- Diakonisches Jahr im Ausland (kirchlich, www.dija.de)
- Bundesfreiwilligendienst (www.bundesfreiwilligendienst.de)
- Leonardo-Da-Vinci-Programm (www.na-bibb.de, Berufsbildungsprogramm für Beruftstätige)

Adressen Spezialreiseveranstalter, die Freiwilligenarbeit vermitteln:

- www.travelworks.de
- www.sobia.de
- www.projects-abroad.de
- www.stepin.de
- www.kultur-life.de
- www.workcamps.de
- www.afs.de
- www.aviva-sa.com

- www.viventura.de
- www.sci-d.de/cms

Freiwilligenarbeit im Bereich Natur- und Tierschutz:

- www.bergwaldprojekt.de
- www.biosphere-expeditions.de
- www.greenforce.org
- www.coralcay.org
- www.africanconservation.org
- www.conversationvolunteers.org.nz
- www.volunteeringaustralia.org
- www.autrop.org.au
- www.conversationvolunteers.com.au
- www.greenpeace.org
- www.nps.gov/volunteer
- www.wahsouthafrica.com

Freiwilligenarbeit im Bereich Entwicklungshilfe:

- www.volunteerafrica.org
- www.volunteer-nepal.org
- www.volunteercostarica.com
- www.volunteerbolivia.org
- www.unvolunteers.org
- www.volunthai.com

Internationale Organisationen:

- www.earthwatch.org
- www.crossculturalsolutions.org
- www.vsointernational.org

- www.voluntourism.org
- www.changingworlds.org
- www.i-to-i.com
- www.skillshare.org
- www.worldwidehelpers.org
- www.workingabroad.com
- www.globalvolunteers.org
- www.transitionsabroad.com

Für weitere Adressen, werfe einen Blick in *„Lonely Planet's Volunteer: A Traveller's Guide to Making a Difference Around the World"*, in dem ca. 170 Organisationen weltweit vorgestellt werden. Eine Plattform zum Suchen und Ausschreiben von Freiwilligenarbeit findest du auf www.idealist.org.

Volunteering auf den Galapagos Inseln
(von Raphael)

Meine Grundidee war eigentlich nach vielen Jahren Bank und Büro etwas Neues zu starten, etwas zu machen was ich noch nie vorher gemacht habe. Ich habe mit vielen Ideen gespielt. Vom Finden einer „richtigen Arbeit", die mir Spaß macht über „just Beachlife" und den ganzen Tag Kitesurfing bis zu der Idee etwas für ein Hilfswerk zu tun. Nach einigen Abklärungen und Recherchen habe ich mich dann für einen Volunteering Einsatz entschieden. Ich wollte etwas Gutes für die Welt tun, persönlich ganz neue Erfahrungen machen und auch Spanisch lernen. Über eine Agentur habe ich das Voluntariat auf den Galapagos Inseln gefunden und gebucht (für das Volunteering habe ich knapp 1000 Dollar bezahlt, Beitrag für Kost und Logis sowie Vermittlungsgebühren der Organisation).

Nach einem fünfwöchigen Spanischkurs in Quito flog ich auf die Galapagos Inseln, wo ich von der Organisation abgeholt wurde. Die Unterkunft war mitten im Dschungel und ein Abenteuer für sich. Ein Holzhaus, Hängematten, eine Matratze und ein Moskitonetz darüber – das war alles … kein Internet und kein Strom aus der Steckdose. Wasser haben wir täglich abgekocht, um es trinken zu können.

Wir waren ca. 10–15 Leute aus ganz unterschiedlichen Nationen (größtenteils Europa) plus drei Leiter und ein Koch. Die Arbeit, die wir tätigen sollten, war ein wenig fraglich. Es erschien uns nicht so sinnvoll, den ganzen Tag mit einer Machete Pflanzen abzuhacken, aber wir haben getan, was uns aufgetragen wurde. Die Aufgaben reichten von Pflanzen setzen, Zäune bauen, Wege neu machen, Kaffeebohnen sammeln, schälen und rösten, Orangen sammeln und Saft auspressen, diverse Früchte pflücken, Hilfsarbeiten in der Schildkrötenstation bis zum Instandhalten der Unterkunft. Durch die andauernde Hitze, hohe Luftfeuchtigkeit und die vielen Moskitos war es eine schweißtreibende, anstrengende und körperintensive Arbeit. Wir hatten aber auch viel Freizeit, die wir mit plaudern, einem Nickerchen in der Hängematte, einem Drink an der Bar oder mit Basteln und Holz schnitzen verbrachten. Am Wochenende sind wir in das Städtchen Puerto Moreno gegangen, um ein wenig Abwechslung zu bekommen. Eine warme Dusche, sauberes Wasser und ein schönes Bett für eine Nacht waren plötzlich viel wert.

Der Freiwilligeneinsatz dauerte circa vier Wochen. Danach bin ich mit neuen Freunden, die ich dort kennengelernt habe, auf die verschiedenen anderen Inseln gereist. Wir haben ein Boot gechartert und sind von einer Insel zur nächsten geschippert, an Land jeweils in ein Hostel zum Nächtigen. Eine etwas andere Art zu reisen als der normale Tourist, der die Galapagos Inseln mit Luxusyachten und organisierten Touren besucht.

Für mich war das Ganze eine bemerkenswerte Erfahrung, die ich nicht missen möchte. Das einfache Leben, die harten Bedingungen und das Leben mitten im Dschungel mit fremden Menschen war solch eine Bereicherung und Herausforderung, die ich gerne gemeistert habe. Etwas wunderbares sind auch die Freundschaften, die man mit den Gefährten während dieser Zeit geschlossen hat.

Die Kraft der Natur

Hast du einmal reine Erhabenheit erblickt,
neben der nichts bestehen kann,
Bilderbuchkulissen in Hülle und Fülle,
große, den Himmel berührende Berge im
Glanz der untergehenden Sonne,
schwarze Schluchten, in denen Strom-
schnellen tosen?
Hast du einmal das Tal der Träume
durchwandert, durch das sich der grüne
Strom zieht, die Weiten nach etwas
Verlorenem durchstreift?
Hast du einmal deine Seele ans Schweigen
geknüpft? Dann geh um Himmels willen hin
und tue es.
Höre auf die Herausforderung,
lerne die Lektion, zahle den Preis.

Jack London

Reisen und Abenteuer

Leidenschaftlich Tango tanzen durch eine laue Sommernacht in Buenos Aires, auf heißblütigen Pferden eine Rinderherde durch die Einsamkeit des australischen Outbacks treiben, mit Fernglas bewaffnet exotische Vögel und Wildtiere in Ostafrika beobachten, einen legendären Roadtrip durch die spektakulären Landschaften der Panamericana fahren, auf den Spuren der Vergangenheit versunkene Kulturen in Peru durchwandern oder beim Inselhüpfen in der Südsee mit Fischen in Regenbogenfarben abtauchen ... Jeder von uns hat die unterschiedlichsten Reiseträume – nur leider nicht immer die Zeit, diese zu realisieren. Im normalen Berufsalltag, mit durchschnittlich 25 Urlaubstagen pro Jahr, bleibt nicht viel Zeit für längere Reisen oder sogar eine Weltreise. Warum also nicht eine berufliche Auszeit nehmen, um die Welt zu erkunden und auf Reisen zu gehen? Reisen ist Liebe. Reisen ist die Welt entdecken mit den glänzenden, staunenden Augen eines Kinders, das sich jeden Tag aufs Neue in die Entdeckerfreuden des Seins verliebt. Jeder Schritt wird begleitet von einem neuen Geschmack, einer neuen Empfindung, einer neuen Erfahrung und einem ergreifendem Gefühl sich mit allen Sinnen ganz im Moment zu bewegen. Auszeit ist Abenteuerzeit!

Die Welt umsegeln

Gemütlich durch türkisblaues Wasser auf einem Segeltörn durch den Tag träumen, Gedanken in die Endlosigkeit des Blau ergießen, mit den sanften Bewegungen der Wellen verschmelzen und so den Büroalltag komplett hinter sich lassen ... Ein ganzes Jahr Pause vom Job, Segelboot gekauft, ausgebaut und losgesegelt. Dirk Mennewisch hat sich seine *„Auszeit unter Segeln“* erfüllt und ist in die Karibik gesegelt – allein. Ohne vorherige Kenntnisse über Boote oder Segeln, eignete er sich das nötige Wissen selbst an, baute sein Boot mit eigenen Händen für die Reise um und segelte mutig in sein Abenteuer.

Nathalie Müller und Michael Wnuk hatten ursprünglich für drei Jahre ihr Heim in Düsseldorf für die Freiheit auf dem Meer getauscht. Mittlerweile segeln sie munter seit Jahren weiter um die Welt, jetzt sogar mit ihren zwei kleinen Kindern. Ihre erlebten Abenteuer sind nachzulesen im Buch *„Meer als ein Traum – unter Segeln ins Glück“*, mit dem sie einen Bestseller landeten. Die Freiheit unter Segeln ist ein Abenteuer der besonderen Art. Auf den Spuren berühmter Entdecker, wie Christopher Columbus oder James Cook, die Welt umsegeln, ist ein verlockender Traum nicht nur für Segelfans. Jeder, der sich mit dem Wasser verbunden fühlt und vom Fernweh nach der großen, weiten Welt getrieben wird, sieht sich auf diese Weise einer einzigartigen Herausforderung gegenüber. Segeln ist Loslassen. Leinen loslassen und das Bekannte für das Unbekannte eintauschen, die Stabilität im Alltag für die Flexibilität beim Reisen, den festen Boden unter den Füßen für schwankende Planken. Neben der ganzen Segelromantik, bleibt Segeln jedoch ein anstrengender und komplexer Sport. Du musst gewillt sein, dich extremen Wetterbedingungen zu stellen, unvorhergesehenen Ereignissen, der Enge auf dem Boot, Seekrankheit und körperlichen sowie geistigen Anstrengungen. Du bekommst die Chance deine eigenen Grenzen auszutesten. Belohnung ist absoluter Nervenkitzel und ein unbeschreibliches Freiheitsgefühl.

Für eine Weltumsegelung ist es nicht wirklich notwendig, sich ein eigenes Boot zu kaufen und selbst zum Profiskipper zu werden. Es gibt hunderte Mitsegelangebote mit minimalen Eigenkosten, wenn du an Bord mithilfst. *„Hand gegen Koje“* ist die bekannteste Plattform, auf der du weltweite Mitsegelangebote findest. Das gleiche gilt für die internationale Webseite „*Find a crew*“. Teilweise ist es möglich, ohne großartige Segelerfahrung und Vorkenntnisse einen Törn zu begleiten. Es macht jedoch Sinn, sich vor einem solchen Vorhaben Segelkenntnisse anzueignen. Dies macht es leichter, einen Platz auf einem Boot zu ergattern. Grundsätzlich sind der Sportbootführerschein See oder ein International Crew Certificate sowie Navigationskenntnisse empfehlenswert. Mitsegelangebote findest du auf diversen Online-Portalen (siehe Adressen) und in Bootszeitschriften. Alternativ kannst du dich bei einer Agentur registrieren, die für dich gegen Gebühr nach Angeboten sucht. Wenn du vor Ort bist, sprich im Hafen direkt mit den Skippern oder wirf einen Blick auf die Aushänge am schwarzen Brett im Segelclub, beim Hafenmeister oder in den Shops.

Segeln ist ein wetter- und windabhängiger, saisonaler Sport, daher ist eine Segelroute gut planbar. Die beliebtesten Segelreviere sind die Karibik in den Monaten Oktober bis April und das Mittelmeer (vor allem Griechenland, Kroatien und Türkei) in den Monaten April bis Oktober. Wenn in Europa der Herbst beginnt, strömen alle via Gibraltar in Richtung Kanarische Inseln. Hier startet in Las Palmas, Gran Canaria Ende November die ARC (Atlantic Rally for Cruisers, www.worldcruising.com), eine alljährlich stattfindende Regatta, bei der gemeinsam über den Atlantik gesegelt wird. Zielhafen ist die Rodney Bay Marina, St. Lucia in der Karibik. Je nach Windverhältnissen dauert die Atlantiküberquerung zwei bis drei Wochen. Abschluss der Segelsaison in der Karibik ist die Antigua Sailing Week Ende April (www.sailingweek.com). Antigua, Barbados und St. Lucia sind zu dieser Zeit gute Anlaufpunkte für die Atlantiküberquerung oder eine Weiterreise über den Panamakanal in den Pazifik.

Die folgende Tabelle zeigt einige ausgewählte Routen und gute Anlaufpunkte für Segeltörns:

Jahreszeit	Abfahrt von ...	Nach ...
November/Dezember	Gran Canaria	Karibik
März/April	Gibraltar	Mittelmeer
April	Antigua, Barbados, St. Lucia, Virgin Islands	Karibik, Europa, Pazifik
März/April/Mai	Nordeuropa	Mittelmeer
November	Ostküste USA	Karibik
Oktober	Gibraltar, Spanische & Französische Küste	Karibik via Kanaren
April	Neuseeland	Australien
März bis Juni	Westküste USA	Pazifik, Hawaii, Tahiti
August/September	Fiji	Neuseeland
Juli bis Oktober	Fiji, Samoa, Tonga	Neuseeland, Hawaii, Tahiti
Januar/Februar	Südafrika	Seychellen, Mauritius

Adressen für Mitsegelangebote und Jobs auf Booten:

- www.handgegenkoje.de
- www.findacrew.net
- www.yachtandcrew.com
- www.floatplan.com/crew.htm
- www.crewnetwork.com
- www.globalcrewnetwork.com
- www.workonaboat.com
- www.yachtjob.com
- www.noonsite.com
- www.crewseekers.net
- www.crewfile.com
- www.worldcruising.com
- www.clipperroundtheworld.com

Zusätzlich gibt es viele Facebookgruppen zu diesem Thema.

Abenteuerreisen, Roadtrips und Expeditionen

Sind dir Reisen auf den üblichen Touristenpfaden zu langweilig? Wenn in dir das Herz eines Abenteurers und Entdeckers schlägt, mache dich auf in das Unbekannte. Nimm an einer Expedition teil oder gestalte deine ganz eigene Abenteuerreise. Möglich ist hier alles: von einer organisierten Forschungsexpedition in die Antarktis, einem Selfdrive-Roadtrip quer durch Südamerika bis nach Feuerland, einer Expedition in die Vulkanlandschaften Papa Neuguineas bis zu einer Dschungeltour zu den Eingeborenen auf Borneo. Auf diese Art kannst du Wege beschreiten, die noch nicht von den üblichen Verdächtigen mit Fotokamera vor dem Gesicht zertrampelt wurden.

Mathias hat sich beispielsweise allein mit einem Freund mehrere Wochen mit GPS, Satellitentelefon und professioneller Campinggear quer durch die unerschlossene Wildnis in Kamtschatka gekämpft. Abseits jeglicher Zivilisation und tagelang in totaler Abgeschiedenheit gerieten sie mehrmals an ihre physischen und teilweise auch psychischen Grenzen. Atemberaubend schöne Landschaften mit rauchenden Vulkanen, Lavafeldern, bizarre Mondlandschaften und einzelne Begegnungen mit Kamtschatka-Bären machten es zu einem unvergesslichen Abenteuertrip.

Oder vielleicht hast du Lust mit einer dreirädrigen Motorrad-Rickshaw den indischen Subkontinent zu durchfahren – vorbei an Elefanten, heiligen Kühen, tiefgrünem Dschungel und eindrücklichen Tempeln mitten hinein in die quirlige, intensive Kultur Indiens. 2500 Kilometer voll von Adrenalin, Fahrtenrausch und einzigartigen Eindrücken erwarten dich auf der „Rickshaw Rally" von *Superlative Adventures*, einem deutschen Veranstalter für Abenteuerrallys (www.superlative-adventure.com).

Es existieren viele Veranstalter, die sich auf die unglaublichsten Abenteuerreisen und Expeditionen spezialisiert haben. Die Gruppen sind in der Regel sehr klein, maximal 10 Personen. Das soll dich aber nicht davon abhalten, es alternativ auf eigene Faust zu organisieren. Eine günstige Möglichkeit von A nach B zu kommen sind Autorückführungen z. B. in Australien oder Kanada, die du mit einem Roadtrip quer durchs Land verbinden kannst. (z. B. www.transfercar.co.nz, www.imoova.com, www.relocations2go.com). Deals gibt es ab einem Dollar pro Tag, vorausgesetzt du bist zeitlich flexibel. Wenn du gleich ganze Kontinente bereisen möchtest, gibt es Veranstalter, die Selfdrive-Expeditionen über Langstrecken inkl. Zelt, Campingausrüstung und einem Offroad-Mietwagen anbieten – beispielsweise von Berlin in die Sahara, von Alaska bis Feuerland oder quer durch Afrika.

Faszinieren dich längst vergangene Kulturen? Dann grabe doch einen jahrtausend Jahre alten Tempel aus! Auf einer archäologischen Studienreise bekommst du die Chance, Wissenschaftler auf Exkursionen zu begleiten, die zu Ausgrabungsstätten der Antike führen. Versunkene Schiffswracks, vergessene Tempel, uralte Grabstätten warten darauf, entdeckt zu werden. Erste Anlaufstelle für mögliche Expeditionen sind Universitäten, das Landesamt für Archälogie oder spezialisierte Studienreiseveranstalter.

Adressen Veranstalter:

- www.go-overland.com
- www.intrepidtravel.com/de/overland
- www.endurorally.com
- www.dragoman.com
- www.madventure.travel
- www.geo-tours.de
- www.expeditionportal.com
- http://abenteuerrallye.info
- www.allgaeu-orient.de

- www.forumandersreisen.de
- www.karawane.de
- www.Archaeologyfieldwork.com
- www.archaeological.org
- http://archaeologie-online.de

Weltreise

Einmal um die Welt reisen ist für viele der ultimative Traum. Wenn du jahrelang den gleichen Job machst, tagein und tagaus zur Arbeit stiefelst, fehlt dir irgendwann die Herausforderung. Eine Weltreise bietet die Möglichkeit, dieser Monotonie für eine Weile zu entfliehen, jeden Tag frei zu sein und sich auf neue Abenteuer einzulassen. Fremde Kulturen, Palmengesäumte Strände, neue Bekanntschaften und unbekanntes Terrain locken in der Ferne und versprechen Abwechslung vom eingefahrenen Alltag.

Die individuelle Gestaltung einer Weltreise bietet unendlich viele Möglichkeiten und es tauchen genauso unendlich viele Fragen bei der Planung auf. Was erwartest du von deiner Weltreise? Wie möchtest du reisen? Mit dem Landrover quer über Land fahren oder mit einem Round-the-World-Ticket so viele Kontinente wie möglich bereisen? Welche Traumziele möchtest du sehen? Wie viele Monate oder Jahre wirst du unterwegs sein? Du wirst schnell feststellen, die Welt ist so groß und es ist schier unmöglich, alles auf einmal zu sehen. Oft machen Reisende den Fehler, sich zuviel vorzunehmen. Weniger ist oft mehr. So lernst du intensiver die jeweiligen Länder kennen und hüpfst nicht nur von einem Flughafen zum nächsten. Eine gute Vorbereitung der Weltreise ist wirklich wichtig. Du solltest auf die verschiedenen Klimazonen und Wetterbedingungen bei der Routenplanung achten, die Visa-, Einreisebestimmungen und Sicherheitslage in den Ländern prüfen sowie ungefähr recherchieren, wie du von A nach B kommst bzw. welche Flugtickets für dich und deine gewünschte Route in Frage kommen.

Für die optimale Weltreiseplanung empfehle ich dir das Buch „*Abenteuer Weltreise*“, ISBN 9783842356788. In dem Buch habe ich mein Wissen aus jahrelanger Tätigkeit in der Reisebranche (Verkauf von Weltreisen) und eigenen Reisen um die Welt festgehalten. Du findest hier ausführliche Tipps und Informationen zu Finanzierungsmöglichkeiten, Routenplanung, Round-the-World-Tickets, Kosten und Budgetplanung, Transportmöglichkeiten rund um die Welt, Ausrüstung, Reiseversicherungen, Reisepartner finden, Sprachkursen und Arbeiten im Ausland, Unterkünften sowie alles zum bürokratischen Ablauf bei der Planung deiner Weltreise. Es ist überall im Buchhandel und in Globetrotter-Läden erhältlich bzw. bestellbar.

Arbeiten und Leben im Ausland

Einfach mal raus – etwas anderes ausprobieren, in eine andere Rolle schlüpfen und das tun, was wir uns wünschen. Befrei dich von den Barrieren im Kopf und vorherrschenden Normen, dass du täglich zur gleichen Arbeit gehen musst und das gleiche Leben führen musst – nur weil du vor einigen Jahren diesen Weg eingeschlagen hast. Unsere Welt ändert sich jeden Tag mit einer zunehmenden Geschwindigkeit – Evolution lässt grüßen! Es wird Zeit, dass auch wir uns verändern und alte Gewohnheiten, Methoden, Ansichten und Hemmschwellen im Kopf über Bord werfen. Wir leben in einer Welt, in der so viele unglaublich bunte und schöne Dinge möglich sind. Die Welt liegt uns quasi zu Füßen – wir können soviel ausprobieren!

Kevin liebt Wein. Er möchte so gerne für einige Wochen auf einem Weingut in Südfrankreich arbeiten und alles über den Weinanbau und die Besonderheiten der Rebsorten lernen. Einfach nur so aus Spaß. Und das ist möglich!

Martina ist fasziniert von New York. Zu gerne würde sie ihr Hamburger Vorstadtleben für einige Monate mit New York eintauschen und ein Leben à la *Sex and the City* ausprobieren. Auch das ist möglich!

Andreas möchte im Sommer lieber in einem Nationalpark in der freien Natur arbeiten anstatt an seinen Schreibtisch in einem überhitzten Büro gefesselt zu sein. Und auch das ist möglich!

Es ist schade, dass viele Menschen in ihrem Arbeitsleben so festgefahren sind und nachlassend Freude bei der Arbeit empfinden. Arbeit sollte Freude machen! Wir verbringen den größten Teil unseres Lebens mit arbeiten und können Großartiges leisten, wenn wir diese Arbeit mit Freude und mit Liebe vollbringen. Ab und zu also etwas Neues ausprobieren und die Richtung ändern, kann wahre Wunder bewirken. Eine Auszeit ist ein großartige Möglichkeit, etwas anderes auszuprobieren – entweder aus reinem Spaß an der Freude oder mit ernsthafteren Absichten für einen Richtungswechsel. Speziell das Leben oder Arbeiten im Ausland kann deinen Erfahrungsschatz enorm bereichern. Der Blick über den Tellerrand und der Abstand zu deinem normalen Alltag führen dazu, dass du automatisch deinen persönlichen Horizont erweiterst und die Dinge in einem neuen Licht siehst. Hinzu kommt, dass man in einem fremden Land mit kulturell andersartigen Gegebenheiten lernt, offener, flexibler und auch entspannter zu werden.

Das Wunderbare an der heutigen Zeit ist, dass es weltweit viele Menschen gibt, die Lust auf einen Tapetenwechsel haben. Vor diesem Hintergrund sind interessante, alternative Reisekonzepte entstanden. Das bekannteste Programm ist *Work & Travel* für Personen bis 35 Jahren. Mit diesem Programm wird dir die Möglichkeit gegeben, weltweit zu reisen und deinen Aufenthalt durch Arbeit zu finanzieren. Arbeitsvisa gibt es z. B. für Australien, Neuseeland, Kanada, USA (siehe Tabelle Work & Travel Visa). Weitere Möglichkeiten sind Au-Pair-Aufenthalte im Ausland, Farmarbeit im Rahmen von WWOOF (siehe Seite 97), Jobs im Tourismus und Nationalparks, Auslandspraktika, Summercamps, Zeitarbeit oder Freelancing. Während meiner Zeit in Neuseeland habe ich über eine Zeitarbeitsagentur einen Job als Versicherungsbearbeiterin bei einer Internationalen Versicherungsgesellschaft bekommen und am Wochenende oft in einer Bar gejobbt. Eine Freundin von mir ist in einem Hostel als Reservierungsmitarbeiterin hängengeblieben, eine andere hat einen Monat lang Äpfel und Kiwis geerntet. Gelegenheiten, mit einem Work & Travel Visum im Ausland Geld für deinen Lebensunterhalt zu verdienen, gibt es viele. Wenn du bereits Erfahrung als Freelancer hast bzw. viel wichtiger vorhandene Kunden, nimm deinen Laptop und arbeite von unterwegs, so wie es die Digitalen Nomaden machen (siehe Seite 101).

Das Info-Portal www.auslandsjob.de ist ein guter Anlaufpunkt für die erste Recherche zum Finden von Jobs im Ausland. Du findest dort eine Liste nach Ländern sortiert mit jeweiligen Informationen zu Arbeitsmarkt und Arbeitsvisum für das Land sowie weiterführenden Internetadressen zur Jobsuche. Des Weiteren können dir Sprachreiseveranstalter viele Informationen zu Work und Travel im Ausland geben oder sogar Kombiprogramme mit einem Sprachkurs anbieten. Die Agentur für Arbeit bietet über die ZAV (www.zav-auslandsvermittlung.de) ebenfalls eine Arbeitsvermittlung ins Ausland an.

Adressen Work & Travel Reiseveranstalter:

- www.travelworks.de
- www.statravel.de
- www.aifs.de
- www.auslandsjob.de
- www.auszeit-weltweit.de
- www.auszeitneuseeland.com
- www.intrax.de
- www.praktikawelten.de
- www.stepin.de
- www.sprachcaffe.de

Mit folgenden Ländern hat Deutschland ein Abkommen für Working Holiday Visa:

Land:	Australien	Neuseeland	Kanada
Alter	18–30 Jahre		18–35 Jahre
Gültigkeit	12 Monate		
Verlängerung	12 Monate, (mindestens 3 Monate Farmarbeit)	3 Monate	12 Monate (wenn Teilnahme an anderem Programm)
Finanzielle Mittel	ca. 3.000 €	2.100 €	2.500 €
Studieren vor Ort	max. 4 Monate	max. 3 Monate	max. 6 Monate
Bedingungen	Kranken-versicherung, gültiger Reisepass, Rückflugticket	Kranken-versicherung, evtl. Tuberkulo-se-test, gültiger Reisepass, Rückflugticket	Kranken-versicherung, Haftpflicht-versicherung, polizeiliches Führungszeugnis, gültiger Reisepass, Rückflugticket
gleicher Arbeitgeber	max. 6 Monate	max. 12 Monate	
Einreise	mehrmals möglich		
Anmeldung	www.immi.gov.au	www.immigration.govt.nz	www.canadainternational.gc.ca
Art der Anmeldung	Online Antrag mit Kreditkarte möglich		Antrag frühzeitig schriftlich bei der Botschaft einreichen, da nur begrenztes Kontingent

Land:	**Japan**	**Hong Kong**	**Singapore**
Alter	18–25 Jahre	18–30 Jahre	17–30 Jahre
Gültigkeit	12 Monate		6 Monate
Verlängerung	nein		ja, nach Wartezeit von 12 Monaten
Finanzielle Mittel	ca. 2.000 €		für Aufenthalt vor Ort
Studieren vor Ort	nein	max. 6 Monate	nein
Bedingungen	japanische Sprachkenntnisse, Krankenversicherung gültiger Reisepass, englischer Motivationsbrief, Rückflugticket	gültiger Reisepass, Wohnsitz in D, Rückflugticket Auslandskrankenversicherung	Absolvent oder Student einer deutschen Hochschule, Rückflugticket, gültiger Reisepass
gleicher Arbeitgeber	max. 12 Monate	max. 3 Monate	
Einreise	mehrmals möglich		
Anmeldung	www.de.emb-japan.go.jp	www.china-botschaft.de	www.mom.gov.sg
Art der Anmeldung	persönlich bei der japanischen Botschaft	persönlich, begrenztes Kontingent	Antragsformular herunterladen, begrenztes Kontingent

Alle Angaben ohne Gewähr. (Stand 2014)

Unterkunftsmöglichkeiten auf Reisen

Stell dir vor: so wie dir ergeht es vielen. Befallen vom Reisevirus mit einer dringlichen Notwendigkeit eines Tapetenwechsels, verschwinden sie. Einige nur für ein paar Tage, andere für längere Zeit. Zurück bleibt immer eine leere Wohnung, oder ein Zimmer mit Mitbewohnern … oder ein Loft mit Aussicht … oder ein Haus mit Garten und Hund … oder eine Finca mit Weinberg … oder eine tropische Villa mit Pool … oder sogar ein Hausboot, geparkt in einem lauschigen Kanal mitten in Amsterdams Zentrum. Über Anbieter wie *AirBnB*, *9Flats*, *Wimdu* oder *HouseTrip* können diese Unterkünfte gemietet werden. Übernachten in Privatwohnungen ist der neue Reisetrend. Unpersönliche Hotel- und Hostelzimmer werden eingetauscht für individuellste Wohnlichkeiten.

Konzepte wie *Couchsurfing*, *Hospitality Club* und *Haustausch* gehen noch einen Schritt weiter und ermöglichen die Begegnung mit Bewohnern, Einheimischen und interessanten Menschen, die dir im besten Fall die Gegend zeigen oder dich zu einem regionaltypischen Essen einladen. Für den ganz schmalen Geldbeutel ist es auch möglich, freie Kost und Logis für ein paar Stunden Arbeit zu erhalten. Auf www.workaway.info finden sich Angebote in den schönsten Regionen. Als Wwoofing-Mitglied kannst du dir deinen Rucksack aufschnallen und von Farm zu Farm pilgern. Weltweit stehen dir mehr als 6.000 ökologische Bauernhöfe in 100 Ländern zur Verfügung. Für einige Stunden Arbeit am Tag hast du ein Dach über dem Kopf und Verpflegung inklusive. In der Regel bleibt genügend Zeit, die Umgebung zu erkunden. Solltest du zwischendurch Lust auf Austausch mit anderen Reisenden bekommen, buch dir einfach ein Bett im nächstgelegenen Hostel.

House-Sitting (Haus hüten)

House-Sitting ist eine perfekte Option für alle, die gerne für kürzer oder länger in einem anderen Land leben möchten. Oder nach einer günstigen (kostenlosen) Unterkunftsmöglichkeit während ihrer Reise suchen. House-Sitting basiert auf einem unglaublichen Vertrauensverhältnis, da man mietfrei in einem Haus/Wohnung von wildfremden Menschen wohnen darf, die davon ausgehen, dass es nicht leergeräumt wurde, wenn sie zurückkehren. Oft gehört auch die Pflege von Haustieren dazu, sofern welche vorhanden sind. Es ist eine sehr authentische Art die Welt zu sehen, Geld zu sparen und so hautnah in einem anderen Land zu leben. Kein Hostel oder Hotel kann solch ein Reiseerlebnis bieten. Wie kommt man nun an ein House-Sitting-Angebot?

Registriere dich frühzeitig auf einigen dieser Portale:

- www.housecarers.com
- www.trusteshousesitters.com
- www.mindmyhouse.com
- www.haushueter.org
- www.hauswache.at
- www.4homex.com
- www.housesitworld.com.au
- www.happyhousesitters.com.au
- www.aussiehousesitters.com.au
- www.kiwihousesitters.co.nz
- www.housesittersamerica.com
- www.housesitworld.com
- www.canadianhousesitters.com
- www.housesittersuk.co.uk
- www.luxuryhousesitting.com

Der Mitgliedsbeitrag bei den meisten Portalen ist ca. 50 Dollar pro Jahr. Da es momentan mehr Menschen gibt, die gerne ein Haus hüten möchten, als Anbieter, die dies zur Verfügung stellen, ist es wichtig, schnell zu sein. Stell hier einen eMail-Alert ein und lass dich automatisch informieren, wenn ein neues House-Sitting-Objekt im Land deiner Wahl verfügbar wird. Um mit deiner Bewerbung erfolgreich zu sein, gestalte diese so persönlich wie möglich, aber geh unbedingt auf die Bedürfnisse der Besitzer ein. House-Sitting ist eine sehr persönliche Angelegenheit und es ist wahrscheinlich, dass die Anbieter hier eher nach ihrem Bauchgefühl gehen als nach deinem Lebenslauf.

Haustausch

In dem Film „*Liebe braucht keine Ferien*" führt ein Wohnungstausch Iris in eine überwältigende Villa in Hollywood und Amanda in ein kleines, verschneites Dorf in der englischen Provinz. Der Haustausch entpuppt sich für beide zu einem persönlichen Abenteuer der besonderen Art. Dieser Film hat vor einigen Jahren viele von uns inspiriert. Vor allem die Möglichkeit, ein Land auf authentische Weise kennenzulernen, inmitten von Einheimischen und fernab vom Massentourismus, hat dazu geführt, dass Haustauschurlaube ein weltweites Phänomen geworden sind. Ein Haustausch kann dich an ungewohnte und spannende Orte bringen – mit ein bisschen Glück. Tausche Wohnung in Berlin gegen Apartment mit Meerblick in Sydney. Nicht immer führt dich deine Reise dann auch nach Sydney, aber ein Strandhaus in Kalifornien tut es vielleicht auch? Verlockende Haustausch-Angebote findest du auf diesen Portalen:

- www.knok.com
- www.homeexchange.com

- www.homelink.org
- www.haustausch.de
- www.haustauschferien.com
- www.intervac-homeexchange.com
- www.digsville.com
- www.gti-home-exchange.com
- www.homeforswap.com
- www.homeforexchange.com
- www.exchangeaway.com
- www.lovehomeswap.com
- www.geenee.com
- www.homeforhome.com

Besonders attraktiv sind die Kosteneinsparungen bei einem Auslandsaufenthalt auf diese Weise. Du zahlst lediglich die An- und Abreise und Verpflegung vor Ort. Die Unterkunft ist kostenlos, da du deine eigene ebenfalls für diese Zeit kostenlos zur Verfügung stellst. Es gehört eine große Portion Vertrauen und Abenteuerlust dazu, dein Zuhause fremden Menschen anzuvertrauen. Aber dies beruht auf Gegenseitigkeit, auch dein Tauschpartner muss dir dieses Vertrauen entgegenbringen. (Sollte doch etwas passieren, kommt im Normalfall deine Hausrat- und Diebstahlversicherung dafür auf. Sprich vorab mit deiner Versicherung darüber, was bei einem Haustauschurlaub versichert ist. Auf einigen Haustauschportalen ist es möglich, eine Zusatzversicherung für den Haustausch abzuschließen.)

Couchsurfing

Warum bieten Menschen fremden Reisenden einen Gratisschlafplatz auf ihrer Couch und in ihrer Wohnung an? Das Couchsurfingkonzept funktioniert, weil Gastgeber sich an den spannenden Lebensgeschichten ihrer Besucher erfreuen, sich für andere Kulturen interessieren und meistens selbst ein Hauch Fernweh verspüren, den sie dadurch zu lindern hoffen. Kannst du momentan nicht in die Welt reisen, lass die Welt zu dir reisen … Und Reisende tauschen nur zu gern ein teures, anonymes Hotelzimmer für eine heimelige Atmosphäre und einen kostenlosen Schlafplatz ein. Couchsurfing ist in den vergangenen zehn Jahren zu einem weltweiten Netzwerk (www.couchsurfing.org) mit über vier Millionen Nutzern weltweit herangewachsen. Die Länge und Art des Aufenthaltes bei einem Gastgeber beruhen auf persönlichen Absprachen miteinander. In der Regel fragt man für ein oder zwei Nächte an und oft ergibt sich vor Ort dann alles Weitere. Eddy, ein kanadischer Jungunternehmer auf Reisen berichtet von seinen Erfahrungen mit Couchsurfing und wie alles für ihn angefangen hat – die Reise seines Lebens, von der er bis heute nicht zurückgekehrt ist …

Couchsurfing Adventures

(by Eddy Azar)

This is it. This is rock bottom. This is the single worst position I will ever find myself in.

This thought occurred to me somewhere on the side of a winding road in Canada. Standing in the freezing wind and under a clear blue sky, leaving one couchsurfer's farm house to another couchsurfer's university-town condo, and watching cars zoom by my upraised thumb, I realized that I never had been and likely never would be in a worse economic position. I could not ever remember enjoying life this much.

I was a highschool dropout and a runaway, with absolutely no money, less than 40 things to call my own, no reputation or impressive skills besides my writing ability, and no idea where I was headed in life. So I travelled.

In the last 4 months, I had visited around 10 new towns. I had couchsurfed with a bug-peddeling & globe-trotting entrepreneur, a community for pot loving hippies, a hydroponic crop growing programmer who had just gotten lazer eye surgery, and the Occupy Toronto encampment. To get from house to house, i had hitchhiked with ex-biker-gang-members, christian soapbox preachers, anarchist army chefs, and college girls celebrating their winter vacation. Me and my hosts winter canoed/rammed through 5cm thick ice, explored abandoned smelting factories, partied at Montreal Tam-Tam festivals, parkour-d across the roofs of mutiple cities, and dropped in on university classes to see what I was missing. I was living great adventures faster than I could write them down.

Now, during this adventure, I needed food & shelter. I was continually gifted with both in the always-warm-and-artistic abodes of CouchSurfing.org hosts, who I would live with for anywhere between two nights to five weeks.

I needed transportation from house to house. Hitchhikers always got me everywhere I needed to go, and were never short on interesting conversations and great tips for what do do in the next town.

Romance, learning, wifi, friends, even cloths ...I'd find them one and all among the 31 couch surfers I spend those months with.

We've been brought up to believe that we must work if we want to eat and live and travel. And that the world is a rough place, where you need to fend for yourself and expect help from no one. This is not true. There's always a stranger there to give you a ride, a meal, and a bed. There's always an adventure loving local to show you their favorite spots in town. There's always a friend to meet and make great memories with.

I guess what I'm saying is this: There is nothing to fear. The worst place you will ever find yourself, in this age of internet connectivity and anywhere where humans can be found, is living a life of free travel, shelter, and food amongst interesting friends with astounding stories.

Adressen für Privatunterkünfte:

- www.couchsurfing.com
- www.place2stay.net
- www.hospitalityclub.org
- www.globalfreeloaders.com
- www.airbnb.com
- www.wimduu.com
- www.9flats.com
- www.staydu.com
- www.homestayfinder.com
- www.worldhomestays.com
- www.homestayweb.com
- www.villagehomestays.com
- www.bewelcome.org
- www.tripping.com

Wwoofing

Arbeiten auf einer organischen Farm … Kühe treiben, Pferde reiten, Schafe scheren, Hühnerstall säubern, bei der Erntearbeit und Obstverarbeitung mithelfen, Zäune reparieren und den ganzen Tag in der Natur verbringen. Komplett in einen anderen Arbeitsalltag eintauchen. Spaß daran haben, sich die Hände schmutzig zu machen. All das ist möglich mit Wwoofing. Für jemand, der Lagerfeuerromantik, Natur und Tiere liebt, genau das Richtige. Zu Wwoofen bzw. als Willing Worker on Organic Farms (WWOOF) zu arbeiten, ist einer der besten Wege, den Geldbeutel zu schonen und auf authentische Weise die menschlichen und tierischen Bewohner des Landes kennenzulernen. Wwoofing-Farmen gibt es weltweit. Auf diese Weise kannst du beispielsweise auf einer australischen Rinderfarm Cowboyflair nachempfinden, Weinanbau und -herstellung in Südfrankreich kennenlernen oder Alpacas in Südamerika hüten. Es ist nicht einmal nötig, ganz so weit zu reisen. Susanne hat auf einem abgeschiedenen Bauernhof in den österreichischen Alpen die Ruhe und Abwechslung gefunden, die sie gesucht hatte.

Auszeit auf der Alm

(von Susanne)

Ich hatte mich entschieden im Sommer aus meinen gewohnten Alltagsstrukturen auszubrechen, um einige persönliche Dinge zu verarbeiten und um einfach mal runterzukommen. Da ich gerne in der Natur bin, erschien mir das Wwoofing-Konzept eine interessante Perspektive, diesen Plan in die Tat umzusetzen. Im Wwoofing-Handbuch, in dem alle Adressen der teilnehmenden Bauernhöfe und Farmen gelistet sind, fand ich schnell zwei bis drei passende Angebote und bewarb mich unkompliziert per eMail und Telefon. Kurze Zeit später war ich auf dem Weg nach Österreich und sollte dort nun für sechs Wochen am Almleben teilhaben. Die Almhütte befand sich komplett abgeschieden auf ca. 1000 m Höhe in einem Bergkessel. Es war einsam dort, aber da ich genau diese Ruhe suchte, war es das Richtige für mich. Die Almhütte bestand nur aus Holz, war über 100 Jahre alt und damit sehr urig. Alles andere als Luxus. Im hinteren Bereich befand sich der Kuhstall, im vorderen Bereich der Aufenthaltsraum mit einem Holzofen – der einzigen Wärmequelle im Haus. Ein Heuboden mit Schlafmöglichkeiten, ein Küchenbereich für die Verpflegung der Wanderer und eine Toilette außerhalb der Hütte rundeten den Wohnkomfort ab. Elektrizität und Warmwasser gab es nicht und als Dusche musste ein Gartenschlauch herhalten.

Mit meiner neuen Gastfamilie kam ich schnell gut zurecht. Eine genaue Arbeitszeiteinteilung haben wir nie abgesprochen. Insgesamt ließen sie mir viel Freiraum. Morgens bin ich jeweils entspannt gegen 8 Uhr aufgestanden, habe bei schönem Wetter auf der Terrasse gefrühstückt und die friedliche Landschaft genossen. Das waren richtige Glücksmomente für mich. Anschließend hab ich mit der Arbeit begonnen: aufgeräumt, Bierbänke und Tische für die Wanderer hergerichtet, Kaffee gekocht, Kräuter gepflückt, Gäste bedient, Essen und Getränke zubereitet, abgewaschen, abgetrocknet, Kühe gemolken, Stall ausgemistet, Milch abgefüllt, Heu geerntet und alles was sonst so zur Arbeit auf einer Alm dazugehört. Ich habe auch viel mit den Gästen geredet, in der Sonne gelegen oder bin auf Wanderungen gegangen. Es war alles in allem eigentlich eine gute Mischung aus Freizeit und Arbeit. Ich habe viel geholfen und mitgearbeitet, weil es mir einfach Spaß gemacht hat und eine willkommene Abwechslung war.

Emotional gesehen hat mir der Aufenthalt auf der Alm sehr gut getan. Ich konnte von meinem herkömmlichen Alltag einfach mal Abstand nehmen und mich auf eine komplett andere Welt einlassen. Tiefpunkte gab es natürlich auch. Die kamen besonders dann, wenn über mehrere Tage Regenwetter anstand und die Hütte kalt und feucht war und für mich keine Möglichkeit bestand, mich draußen aufzuhalten. Dieses Wetter drückte schnell auf's Gemüt. Aber diese Tiefpunkte waren im Vergleich zu den positiven Momenten mit der Familie und den Gästen sowie bei den Wanderungen und Ausflügen eher Ausnahmen. Ich bin im Nachhinein sehr froh und dankbar, diese Erfahrung gemacht zu haben.

Wwoofing bedeutet, dass man durchschnittlich 4–6 Stunden am Tag mithilft und im Gegenzug Unterkunft und Verpflegung erhält. Teilhaben am Familienleben oft inklusive. Die Tätigkeiten beim Wwoofing sind vielseitig, je nach Betrieb. Einen ersten Überblick, was dich vor Ort erwartet, findest du im Wwoofing-Handbuch. Das Buch erhälst du bei Teilnahme am Programm und mit dem Bezahlen der Mitgliedsgebühr (ca. 50 Euro) zugeschickt (bestellbar auf der offiziellen Wwoofing-Webseite). Hier findest du alle Farmen mit den wichtigsten Informationen und Adressen zur Kontaktaufnahme. In der Mitgliedsgebühr ist unter anderem eine Versicherung gegen Arbeitsunfälle enthalten. Für alles andere benötigst du eine weltweite ausländische Kranken- und Unfallversicherung (z. B. von *WorldNomad* oder *Hanse Merkur*). Ein richtiger Arbeitsvertrag mit der jeweiligen Farm wird nicht abgeschlossen. Die Länge deines Aufenthaltes sprichst du direkt mit deinem Gastgeber ab. Es steht dir jederzeit frei, zu gehen, wenn es dir nicht mehr gefällt.

<u>Adressen:</u>

- www.wwoof.net
- www.farmstays.org
- www.helpx.com
- www.workaway.info

MacBook Air

Digitale Nomaden – Ortsunabhängig arbeiten und leben

Arbeiten, wo andere Urlaub machen. Um dem nasskalten Winter in Deutschland zu entfliehen, habe ich mein Projekt „Office-Auszeit“ gestartet. Drei Monate in Südostasien in der Sonne arbeiten während in Europa die graue Jahreszeit Einzug hält. Klang für mich wie eine vernünftige und plausible Alternative. Leicht gesagt und auch getan. Innerhalb eines Monats habe ich mein Unternehmen so organisiert, dass ich vom Laptop aus unterwegs arbeiten kann. Viele meiner Kunden zeigten Verständnis, einige sind abgesprungen – aber diesen Preis war ich bereit zu zahlen. Selbständig und ortsunabhängig arbeiten, einmal den Travel-Lifestyle digitaler Nomaden ausprobieren, das war mein Ziel. Ich begann meine Office-Auszeit bei *Startup Getaway*, einem Co-Working-Space auf Bali. Via *AirBnB* kann man sich hier ein Zimmer mieten, trifft gleichgesinnte Freelancer aus aller Welt und bekommt die Infrastruktur gestellt (schnelles Internet, Arbeitsplatz, Verpflegung, Unterkunft, Netzwerk etc.). Orte wie dieser entstehen gerade überall auf der Welt, da es dank der digitalen Techniken immer einfacher wird, ortsunabhängig zu arbeiten.

Co-working und Co-Living Möglichkeiten weltweit:

- Sunny Office, Europa (www.sunny-office.com)
- The Surf Office, Gran Canaria (www.thesurfoffice.com)
- Project Getaway, Bali (www.projectgetaway.com)
- NomadicHub, weltweit (http://nomadichub.com)
- Startup Getaway, Bali (www.startupgetaway.co)
- deceler8 me, Gili Islands (deceler8.me)
- Change Ventures, Bali (www.changeventur.es)

- Coworking Camp, Europa (www.coworking-camp.com)
- 47Ronin, Kyoto (www.47ronin.co)
- Startup Abroad, Italien (www.startupabroad.org)
- Coco Vivo, Panama (www.cocovivo.com)
- The Ignition Lab, Nicaragua (theignitionlab.com)
- Nest Copenhagen (www.nestcopenhagen.dk)
- Hus24, Stockholm (http://hus24.org/en)
- Blackbox in Silicon Valley (http://blackbox.vc)

Während meiner letzten Auszeit in Asien habe ich vorwiegend in Strandcafés gearbeitet. Immer auf der Suche nach einem guten Hotspot und einer akzeptablen Internetverbindung. Das Knattern vorbeifahrender Mopeds, leise Beats aus den Lautsprechern der Bar, röhrende Fischerboote, das Plätschern der Wellen und Wortfetzen in fremden Sprachen verschmelzen zu einer lebendigen Geräuschsymbiose. Ab und zu eine laue Brise vom Meer. Ansonsten steht die Luft. Still, wie die Zeit, die hier nicht zu vergehen scheint. Konzentration ist nicht immer einfach. Meine täglichen Mitstreiter: Flexibilität und Spontanität. Pläne über Bord werfen, Richtung ändern, spontaner Inspiration folgen und trotzdem Termine innerhalb der verschiedenen Zeitzonen einhalten. Es gibt keine strukturierten Arbeitstage mehr, jeder Tag organisiert sich anders und doch muss alles erledigt werden, manchmal bis mitten in die Nacht aufgrund der Zeitverschiebung. Und genau diese Abwechslung ist der Thrill und auch die Challenge. Neben der täglichen Arbeit für meine Kunden galt es ein Buch zu schreiben, eine neue Geschäftsidee umzusetzen und die gesamte Reise zu organisieren: von wo arbeite ich heute, wo schlafe ich morgen und wohin möchte ich übermorgen? Nicht zu vergessen: Schwimmen, Schnorcheln, Stories mit anderen Reisenden austauschen, Ausflüge in die Umgebung machen, Sonnenuntergänge bestaunen, lokales Essen ausprobieren und den Spirit des Landes einfangen.

Digitale Nomaden reisen also mit dem Laptop in der Tasche um die Welt und leben und arbeiten mal hier, mal dort – in Internetcafés, in Co-Working-Spaces oder in Strandcafés. Wenn du dies auch einmal ausprobieren möchtest, haben wir hier einige Tipps für dich. Johannes, Gründer von *Webworktravel*, reist seit Jahren als digitaler Nomade um die Welt und gibt in seinem Reiseführer wertvolle Tipps, wie du dir solch ein Leben gestalten kannst.

10 Berufe & Fähigkeiten, die es ermöglichen, ortsunabhängig von überall in der Welt zu arbeiten

(von Johannes)

Wenn du von überall arbeiten und dabei um die Welt reisen willst, ist es am wichtigsten, sich die richtigen Fertigkeiten und Kenntnisse anzueignen. Sobald du diese hast, kannst du ortsunabhängig für andere Firmen arbeiten, Freelancer werden oder dein eigenes Online Business starten. Je mehr Fertigkeiten du besitzt, desto einfacher wird es für dich sein, ein regelmäßiges Einkommen zu generieren. Doch bedenke, dass alles seine Zeit braucht. Mehr Risiko, mehr Spaß, mehr Geduld.

Je schwieriger die Fertigkeit ist, desto wahrscheinlicher ist es für dich damit gutes Geld zu verdienen. Dies ist der Grund, weshalb ein sehr guter Programmierer es viel einfacher haben wird, sich seine Reisen durch Südostasien mit ein paar Stunden Arbeit pro Woche zu finanzieren während ein Texter dafür viel mehr machen muss.

Um dir dabei zu helfen, überall auf der Welt zu reisen während du online dein Geld verdienst, habe ich für dich eine Liste der Fertigkeiten und Berufe zusammengestellt, die du erlernen kannst. Diese können dir dabei helfen, ein regelmäßiges Online-Einkommen von ca. 1000 Euro monatlich zu generieren.

Es ist nicht viel Geld, wenn du in New York, London oder München lebst, doch mehr als ausreichend um deine Reisen zu finanzieren, ohne dass du dafür zunächst viel Geld sparen musst. Verlege dein Office einfach zu den Stränden von Thailand oder Indonesien, oder besuche viele andere Reiseziele, die ich in meinem Webworktravel Guide erwähnt habe.

Die folgende Liste ist geordnet nach Schwierigkeit, Risiko und Einkommenspotential.

1. Copywriting

Copywriting ist nicht der bestbezahlteste Job auf der Welt, doch wenn du beispielsweise Englisch oder Deutsch auf Muttersprachniveau beherrschst, kannst du locker 15 $/Stunde verdienen – genug also um deine Reisen in Ländern mit niedrigen Lebenshaltungskosten zu finanzieren, wenn du vier Stunden pro Tag arbeitest. Du kannst dich zusätzlich auf SEO spezialisieren, womit du noch mehr verdienen kannst (siehe Seite 106). Ein anderer Vorteil des Copywriting ist die Möglichkeit viel Erfahrung dadurch zu sammeln, indem du Artikel und Beiträge für andere Menschen schreibst und dafür Geld bekommst. Es gibt dir wertvolle Einsichten darin, wie andere Internet-Unternehmer ihr Geld verdienen.

2. Virtuelle Assistenz

Virtuelle Assistenz ist ein sehr breites Thema – und kann damit verglichen werden, ein Alleskönner zu sein. E-Mail Korrespondenz, Skype-Anrufe beantworten, Dateneingabe oder Webseiten aktualisieren sind nur ein paar Aufgaben, die dazugehören. Dies war übrigens der erste Online-Job, den ich gemacht habe, während ich in Südafrika lebte. Ich begann für deutsche und schweizerische Kunden zu arbeiten und innerhalb von vier Monaten war es mir so möglich, meinen Job in einer Tourismus-Agentur zu kündigen. Dabei habe ich den gleichen Monatslohn mit nur zwei Wochen Arbeit verdient und den Rest meiner Zeit habe ich damit verbracht, wichtige Online-Fertigkeiten zu erlernen, an denen ich interessiert war.

3. Übersetzung

Wenn du nicht nur ein geübter Copywriter bist, sondern auch zwei oder mehr Sprachen beherrschst, sind Übersetzungen eine gute Möglichkeit für dich, ein Einkommen zu generieren. Für Übersetzungsjobs ist es sogar von Vorteil, wenn man im Ausland lebt. Beispielsweise, wenn du deine Zeit in spanisch-sprechenden Ländern verbringst, wirst du eher einen Job angeboten bekommen, als dein lokal in Deutschland wohnender Mitbewerber, weil deine Kunden von deinen Fähigkeiten in beiden Sprachen mehr überzeugt werden.

4. SEM (Suchmaschinenmarketing)

In den letzten Jahren wurde das Management von Werbeanzeigen in Googles Suchmaschine und seinem Content-Netzwerk immer komplexer. Google bietet sogar ein Schulungsprogramm an, womit Du dich zu einem Google Adwords Consultant zertifizieren lassen kannst – was nützlich ist, wenn du Werbekampagnen für andere Firmen managen willst. Sei dir aber bewusst, dass du von Beginn an genau verfolgen musst, was richtig funktioniert, da das Marketing damit extrem teuer sein kann, wenn du die Kampagne nicht richtig aufsetzt. Dies ist einer der Online-Jobs, die ich bis zu dem heutigen Tag mache.

5. Social Media Marketing

Wenn du viel Zeit auf Facebook verbringst, warum nicht damit Geld verdienen? Tatsache ist, dass die meisten Unternehmen damit Schwierigkeiten haben ihre Facebook- oder Twitter-Accounts aktuell zu halten und neue interessante Informationen zu publizieren. Die laufenden Fanseiten, Twitter-Accounts oder Facebook Werbeanzeigen zu managen ist also der perfekte Job für einen digitalen Nomaden, welcher nur minimales technisches Verständnis benötigt und von überall auf der Welt erledigt werden kann. Die verschiedenen Zeitzonen können problematisch dabei sein, wenn du auf Reisen bist. Du musst also Kreativität bei deiner Vorstellung zeigen, dass du diese Art von Arbeit erledigen kannst, während du die Welt erkundest.

6. Webdesign

Die Grundlagen des Webdesigns zu erlernen ist einfacher als Du vielleicht denkst. Wenn du fleißig bist, kannst du in wenigen Wochen lernen wie man Webseiten mit *Wordpress* erstellt. Du musst nicht einmal ein hervorragender Designer werden, es gibt viele tolle Vorlagen von den Seiten wie *Woothemes* oder *Themeforest*, die großartig von Beginn an aussehen und die du einfach für deine Arbeit nutzen kannst. Einiges an Kenntnissen in Webdesign ist für die unten beschriebenen Fertigkeiten wichtig und weil die Grundlagen so einfach zu erlernen sind, empfehle ich mit Nachdruck, die Zeit zu investieren und sich mit den Basics vertraut zu machen.

Ein guter Weg, um mit Webdesign Geld zu verdienen, ist zunächst eine eigene Webseite zu einem dich interessierenden Thema zu bauen. Frage danach Unternehmer, die du persönlich kennst, ob du für sie eine Webseite bauen kannst. Wenn du die Arbeit gut machst, frage sie einfach nach Referenzen, damit dein Business besser vorangeht.

7. SEO (Suchmaschinenoptimierung)

Dank Suchmaschinenoptimierung (SEO) kannst du deine eigenen oder deine Kundenwebseiten richtig in den Topergebnissen für profitable Suchanfragen platzieren. SEO ist das perfekte Business, was du von überall machen kannst solange die Ergebnisse stimmen. Webdesign und Copywriting sind dabei sehr wichtige Fähigkeiten, dessen Grundlagen du unbedingt kennen sollst. Du solltest ebenfalls gute analytische Kenntnisse mitbringen, um mit den verschiedenen Tools die besten Ergebnisse zu produzieren. Für alles andere musst du einfach Erfahrung sammeln. Unterhalte dich öfters mit Menschen, die die gleiche Arbeit machen und folge ein paar Blogs zu diesem Thema. Google ändert seinen Suchalgorithmus ständig, doch wenn du in der Lage bist, bei diesem Prozess mitzuhalten und den Unternehmen hilfst, Geld mit SEO zu machen, so wirst du ebenfalls Geld mit deiner Arbeit verdienen.

8. Grafikdesign

Ein großartiger Grafikdesigner zu werden mit fortgeschrittenen Kenntnissen in Photoshop gehört sicherlich nicht zu den Fähigkeiten, die du in wenigen Wochen meistern kannst. Sollte dir die Sache jedoch liegen und du gute Ergebnisse liefern kannst, so werden viele Unternehmen sicherlich nichts dagegen haben, wo in der Welt, du diese Arbeit erledigst. Tatsache ist, dass viele Digitale Nomaden ihre Reisen durch Arbeit mit Grafikdesign finanzieren.

9. E-Commerce / Online-Shop

Heutzutage ist es sehr einfach einen Online-Shop zu bauen und Produkte über das Internet zu verkaufen. Tatsächlich brauchst du nicht einmal einen Shop. Du kannst dich bei *Amazon Marketplace* anmelden oder *Ebay* nutzen, um deine Produkte zu verkaufen. *Amazon* kann sogar den Versand deiner Produkte übernehmen. Was du aber hingegen brauchst, ist ein gutes Produkt oder sehr konkurrenzfähige Preise, um damit erfolgreich zu sein. Willst du dich nicht einfach auf *Amazon* oder *Ebay* verlassen, um deine Produkte erfolgreich online zu verkaufen, werden für dich die Kenntnisse über SEO, PPC (Preis pro Klick), Webdesign und Affiliate-Marketing von großem Vorteil sein.

10. Bloggen

Den Lebensunterhalt zu verdienen durch einfaches Führen eines Blogs ist extrem schwierig. Während viele erfolgreiche Firmen zunächst mit einem Blog gestartet haben, gibt es Millionen von Beispielen, wo es nicht funktioniert hat. Jedoch ist es sehr hilfreich einen Blog zu starten, um auf sich aufmerksam zu machen, egal ob du dich auf SEO, Webdesign oder Online-Coachings spezialisiert hast.

Also, was ist der beste Weg, um damit anzufangen online zu arbeiten und um die Welt zu reisen? Ich glaube fest daran, dass der beste Weg darin liegt, indem man zunächst die richtigen neuen Fertigkeiten erlernt und sein Geld mit Kundenaufträgen verdient. Egal, ob es Webdesign, Copywriting oder Social

Media Marketing ist – sobald Du genügend Einkommen damit generierst, kannst du anfangen, deine eigenen Projekte zu entwickeln. Es gibt für jeden mehr als genug Gelegenheiten, sein Leben zu finanzieren und erfolgreich zu sein! Wie du deinen eigenen Blog startest, kannst du von den digitalen Nomaden Conni (*Planet Backpack*) und Sebastian (*Off the Path*) im Blogcamp lernen (www.blog-camp.de).

Den Reiseführer kannst du hier bestellen: www.webworktravel.com
Die Webworktravel-Community findest du auf Facebook:
https://www.facebook.com/webworktravel

Zweimal jährlich organisieren Marcus und Feli (*Travelicia*) in Berlin die DNX, eine Konferenz für digitale Nomaden, auf der du Kontakte knüpfen und lernen kannst, wie dieser Lifestyle für dich funktionieren kann. (www.dnx-berlin.de)

Blogadressen für digitale Nomaden:

- http://digitalenomaden.info
- www.webworktravel.com
- www.planetbackpack.de
- www.earthcity.de
- www.travelicia.de
- www.reisedepeschen.de
- www.alifeofblue.com
- www.off-the-path.com

Besinnung und Entschleunigung

Wir befinden uns in einem Zeitalter der endlosen Beschleunigung. Um uns herum ändert sich alles fortwährend und in einer hohen Geschwindigkeit – Familienstand, Wohnort, Beruf – und nicht immer haben wir die selbstbestimmende Oberhand, sondern werden vielmehr von einer Situation in die nächste geworfen. Wir funktionieren, manchmal ohne Sinn und Verstand, praktisch nur auf dem Beifahrersitz. Ist dies unser Leben, welches da wie in einem Film an uns vorbeirennt? Wer sind wir und wer könnten wir sein? Unser Alltag ist vollgestopft mit Terminen, Planungen, Handlungen, Unternehmungen im ruhelosen Takt eines ganzheitlichem Multitasking, gerahmt von der Schnelligkeit der digitalen Kommunikation und einer allzeitig-geforderten Erreichbarkeit. Die Welt dreht sich und dreht sich und dreht sich. Unser erschöpftes Selbst sehnt sich nach einer Atempause. Wir wollen wieder das Steuer übernehmen und selbst bestimmen, wohin die Reise geht.

Es ist kein Wunder, dass in immer mehr Menschen der Wunsch wächst, sich für eine Weile in eine langsamere Welt zurückzuziehen, mit dem Wunsch „sich selbst zu finden". Die einen gehen einen spirituellen Weg, wiederum andere vertrauen auf Mutter Natur. Doch wo existiert heute noch so eine Welt? Die Antwort finden wir in alten Religionen und Orten auf dieser Welt, wo die Schnelllebigkeit noch nicht angekommen ist. Erinnerst du dich an deinen letzten Urlaub im Süden Europas? Rustikale Steinhäuser, geschmückt mit Blumen, säumen die gepflasterte Straße. Vor einem lauschigen Café sitzen zwei ältere Herren und schauen. Sie schauen einfach nur. Ein lauer Sommerwind streift als einsamer Besucher durch das Dorf. Die Stille duftet nach wildem Thymian und frischen Orangen. Und in der Ferne kann man das Meer sehen. Deine Blicke tauchen verliebt in das Blau ab. Es ist schön, hier zu sein, fernab vom Lärm und der Hektik des Alltags …

Solche Ruhe und Pausen braucht es. Und dabei geht es um weit mehr als ein bisschen Urlaub für die gestresste Seele. Es geht darum, wieder bewusster im Hier und Jetzt zu leben. Ein normaler Urlaub ist jedoch erwiesen zu kurz, um die innere Balance wiederzufinden, wenn sie einmal aus dem Gleichgewicht geraten ist. Glücklich kann sich der schätzen, der rechtzeitig instinktiv spürt, dass in seinem Leben etwas nicht im Lot ist – wo der Wunsch noch keine Not ist.

Der Wunsch nach Rückzug hat bereits viele Gesichter. Yoga und Meditation stehen hoch im Trend. Wir möchten wieder lernen, den Moment bewusst zu erleben und reagieren auf die allgemeine Beschleunigung und komplexen Anforderungen im Leben mit einer verstärkten Konzentration aufs Innere. Ruht man in sich selbst, so findet man die Quelle des Leben, so heißt es. Wir machen uns also auf die Suche nach Ruhe und Stille. Wir suchen in einem indischen Ashram oder in einem Ayurveda-Zentrum auf Sri Lanka. Wir reisen nach Südamerika, weil hier die Uhren noch langsam ticken sollen. Wir wünschen uns auf eine einsame Insel, um unter leise im Wind rauschenden Palmenblättern ausgiebig das Nichtstun zu zelebrieren. Wir entschwinden für ein Wochenende in eine einsame Berghütte, um offline und einmal nicht erreichbar sein zu können. Wir wandern stundenlang bis alle lärmenden Gedanken sich in den rauschenden Blättern der Bäume verloren haben. Wir suchen Orte auf, wo Schweigen die Hauptaufgabe des Tages ist. Und an all diesen Orten, an den wir suchen, merken wir, dass die Suche in uns selbst stattfindet. Äußere Reisen werden zu inneren Reisen. Das eine funktioniert nicht ohne das andere. Wir wissen nicht, was wir suchen, doch was wir jeweils finden, wird immer eine Überraschung sein.

Retreats (Yoga, Meditation- und Schweigeretreats)

Ein Retreat gilt als spiritueller Rückzugsort aus dem Alltag. Im Tibetischen bedeutet es *Abgrenzung*. Der Aufenthalt in einem Retreat kann unterstützend wirken – in Zeiten, in den wir Heilung und Ruhe brauchen oder nach Klarheit suchen. Die Idee dahinter ist, sich ohne Ablenkung von Außen auf sich selbst konzentrieren zu können.

In einem Yoga-Retreat wird der Tagesablauf von Yoga- und Meditationsübungen bestimmt. Yoga gilt eines der besten Mittel der Stressbewältigung. Es ist eine ganzheitliche Methode, um Körper, Geist und Seele ins Gleichgewicht zu bringen und zu halten. Durch ausgewählte Körperübungen – sogenannte Asanas – sowie intensive Atemübungen und Meditation lernt man, einen harmonischen Lebensstil zu entwickeln. Meist beginnt ein Tag im Yoga-Retreat mit einer ersten Meditation gefolgt von einer Yogastunde. Erst dann gibt es Frühstück. Am Vormittag ist Zeit für weitere Yoga- und Meditationsübungen oder andere Aktivitäten. In der Regel findet man tagsüber auch Zeit, eigene Unternehmungen zu machen. Es wird viel Wert auf eine gesunde Ernährung und ausgewogene Mahlzeiten während des Aufenthaltes gelegt. Der Tag endet, wie er begonnen hat, mit Yoga- und Meditationsübungen.

Yoga-Retreats gibt es weltweit für jeden Geschmack und jeden Geldbeutel. Die Geburtsstätte des Yoga findest du jedoch in Indien. Die Stadt Rishikesh, am Fuße des Himalaya hat den Ruf die Yoga-Hauptstadt der Welt zu sein. Sie ist ein weltbekannter Pilgerort für viele Sinnsucher und Weltenbummler. Der Ort hat eine Aura von einer totalen Leichtigkeit, wie Besucher berichten. Der sonst so trübe Ganges – heiliger Fluss der Hindus – ist hier an der Quelle noch erfrischend klar. Im nördlichen Teil der Stadt findest du unzählige traditionelle Ashrams und Yoga-Zentren, die teilweise auf eine sehr alte Tradition zurückblicken. Wer für eine Weile Yoga und Meditation lernen oder die hinduistische Religion studieren möchte, ist hier goldrichtig. Rishikesh ist unter anderem Ausgangspunkt für Bergwanderungen in den Himalaya (bis zu 8.000 m Höhe), Raftingabenteuer in den umliegenden Bergen und für Pilgerreisen nach Gaumukh, der Quelle des Ganges.

Auf www.yoga.in findest du eine Suchmaschine mit einer Auswahl von ca. 600 Yogazentren, Schulen und Ashrams. Eine kleine Auswahl an weltweit-bekannten Retreats habe ich hier für dich zusammengestellt.

Bekannte Retreats im deutschsprachigen Raum:

Shivalaya Retreatzentrum
Kloster mit Schwerpunkt auf Meditation, Rezitation und Yoga. Zwei weitere Häuser an der Nordsee und im Westerwald. Gehört zum Yoga Vidya e.V., der in ca. 80 Städten in Deutschland mit einem umfassendes Angebot von Yogakursen und Workshops vertreten ist. (www.yoga-vidya.de)

Das Kranzbach
Wellnesshotel in Bayern mit spezialisierten Yoga-, Meditations- und Entspannungskonzepten. (www.daskranzbach.de)

Sivananda Yoga Retreat
In der Nähe von Kitzbühl gelegenes Yoga-Retreat in den Bergen mit ausgewählten Yogaurlaubsprogrammen. (www.sivananda.eu)

Soami Yoga Retreat Center
Yoga-Retreat im Zen-Stil in den österreichischen Bergen basierend auf Naturbelassenheit, Gesundheit und Balance. (http://yoga-retreat.at)

Balance Resort Ifenblick
Das Hotel auf 1.100 m Höhe bietet in den Bereichen Natur, Ernährung, Bewegung und Selfness einen erstklassigen Rahmen für ein Yogaurlaub. (www.balance-resort.de)

Hubertus Alpin Lodge & Spa
Exklusives Gesundheitshotel mit täglichem Yogaangebot, speziellen Yogaretreats und Auszeitwochen. (www.hotel-hubertus.de)

Weltbekannte Retreats:

Parmarth Niketan Ashram, Rishikesh, Indien
Großes Yoga-Center in einem der ältesten Ashrams Indiens, u. a. Veranstaltungsort des jährlichen internationalen Yoga-Festivals. Parmarth Niketan bietet über 1.000 Schlafplätze. Heilige und einfache Atmosphäre trotz der Größe. (www.parmarth.com)

Yogamagic Eco Retreat, Goa, Indien
Ökologisches Retreatzentrum im Süden Goas mit eigenem Biogarten, vedischer Küche und Unterkünften aus natürlichen Materialien im Boutiquestil. (www.yogamagic.net)

The Yoga Barn, Ubud, Bali
Einladender, freundlicher Ort inmitten von Reisterrassen im spirituellen Zentrum Bali's, der sich ganzheitlich Yoga, Bewegung und Heilung widmet. (www.theyogabarn.com)

Molino del Rey, Spanien
Yoga-Retreat Oase unweit der Costa del Sol, in den Bergen vor Malaga. Eingebettet in Höhlen, schafft das Zentrum eine besondere Atmosphäre. Umfangreiches Angebot mit Yoga, Meditation, Tai Chi, Qi Gong, Rebirthing und Kreativität. (www.molinodelrey.com)

Amansala Bikini Bootcamp, Tulum, Mexiko
Schönes Retreat am weißen Sandstrand von Tulum mit Yoga- und Fitnesskursen, Touren zu touristischen Highlights der Region, gesunder Küche und einem umfangreichen Wellnessangebot.
(www.bikinibootcamp.com)

Esalen Institute, Kalifornien, USA
Spirituelles internationales Retreat-Zentrum an der kalifornischen Küste für Menschen, die einen neuen Weg gehen möchten, um Körper, Geist und Seele zu verbinden (über 500 Workshops). Es gilt als das Zentrum der Human-Potential-Bewegung und imponiert vor beeindruckender landschaftlicher Kulisse.
(www.esalen.org)

Yoga Farm, Costa Rica
Nachhaltiges Yogaretreat im tropischen Regenwald. Familiäre und gemeinschaftliche Atmosphäre in einfachen Unterkünften.
(www.yogafarmcostarica.org)

Silver Island Yoga, Griechenland
Rückzugsort auf einer kleinen Insel, die sich nur einige Kilometer vor der Küste Athens befindet. Die private Yogainsel besteht aus 60 Hektar großem Farmland, bestückt mit Olivenbäumen und umgeben vom tiefblauen Wasser der Ägäis.
(www.silverislandyoga.com)

Il Convento, Toskana, Italien
Das ehemalige Kloster befindet sich eingebettet in malerische Hügel, unweit von Pisa und bietet den idealen Rahmen für Yoga Events, Yoga Workshops und Yoga Reisen.
(www.il-convento.net)

In einem reinen Meditationsretreat richtest du deinen Blick komplett nach innen. Meditation ist eine in vielen spirituellen Traditionen bekannte Praxis, basierend auf drei Säulen: entspannen, beobachten, nicht werten. Auch wenn es einfach erscheint, sich hinzusetzen und einfach nur aufmerksam zu beobachten, so ist Meditation ein kraftvoller Prozess. Wir können lernen, Distanz zu Gefühlen zu bekommen und bewusst zu entspannen. Wie oft leben wir schon bewusst im Hier und Jetzt? Immerzu halten wir mit Gedanken an der Vergangenheit fest oder planen für die Zukunft, drehen uns im Kreis. Osho, ein erleuchteter Meister Indiens sagt, dass das Leben pure Freude und ein Fest ist, dass sich im Hier und Jetzt abspielt. Durch Meditation und Achtsamkeit finden wir also vielleicht den Schlüssel zum Jetzt …

Angebote für Meditationsretreats findest du im nahegelegenen Wellnesshotel, speziellen Gesundheitszentren oder in traditionellen Ashrams in Indien. Die Dauer kann einige Tage oder bis zu mehrere Wochen betragen.

Weltbekannte Meditationsretreats:

- Ananda im Himalaya, Indien (www.anandaspa.com)
- Shambhala Mountain Center, Colorada, USA (www.shambhalamountain.org)
- Middle Way Meditation Retreat, Thailand (www.yourmiddleway.com)
- White Cloud Sanctuary, Costa Rica (www.thewhitecloudsanctuary.com)
- Osho International Meditation Resort, Indien (www.osho.com)
- Holy Isle, Schottland (www.holyisland.org)
- Green Gulch Farm Zen Center, Kalifornien (www.sfzc.org)

- Simple Peace, Italien (www.assisiretreats.org)
- Ala Kukui, Hawaii (http://alakukui.org)
- Rolling Meadows Meditation Retreat, Mexiko (www.rollingmeadowsretreat.com)

Weitere Adressen und Retreatorte weltweit:

- www.retreat-infos.de
- www.retreatfinder.com

Die intensivste Variante den Geist zum Schweigen zu bringen, Dinge zu verarbeiten und innerlich zur Ruhe zu kommen, ist ein Schweigeretreat in tagelanger Stille. Erst wenn der lärmende Geist zur Ruhe gebracht wird, ist es möglich, in einen Zustand inneren Friedens einzutreten. Grundsätzlich gilt, je länger ein Schweigeretreat dauert, desto effektiver wird es sein. Es ist wichtig, sich voll darauf einzulassen und erst durch genügend Abstand vom Lärm und Einflüssen der Außenwelt, kann es gelingen, sich auf neue Erfahrungen einzulassen.

Diana hat während ihrer Weltreise an einem zehntägigen Schweige- und Meditationsretreat in Malaysia teilgenommen. Es war während dieser Zeit verboten zu reden, zu schreiben, andere Menschen anzuschauen oder das Retreat zu verlassen. Sie berichtet von ihrer intensiven Erfahrung und dem Kampf mit den eigenen Gedanken.

Schweigeretreat im Vipassana Meditations Center, Malaysia

(von Diana)

Es ist eine echte Extremsituation. Ich kann keinen klaren Gedanken fassen – ich bin wie im Nebel, in totale Verwirrung abgetaucht. Um 4 Uhr aufstehen zur ersten Meditation, die bis 6.30 Uhr andauert, erst dann gibt es Frühstück. Die ersten drei Tage konzentriert man sich nur auf seinen Atem. Wie er in die Nase einströmt und wie er ausströmt. Dabei ist es wichtig, dass ich nur beobachte, sagt der Guru. Keine Gefühle erfinden oder wegdenken, sich ganz auf mich selbst konzentrieren – auf die Gegenwart, das Hier und Jetzt. Wir sind es gewohnt, in der Vergangenheit und in der Zukunft zu denken, aber wenn man nicht lernt, im Hier und Jetzt zufrieden zu sein, wird man es in der Zukunft auch nicht – so sagt der Guru. Klingt gut, denke ich, aber es ist harte Arbeit. Gegen die ungewohnte Situation rebelliert der Körper und der Verstand mit aller Kraft. In Zeiten des Multitasking sind wir es nicht mehr gewohnt, uns nur auf eine einzige Sache zu konzentrieren. Unser Verstand wird täglich durch die verschiedensten Ablenkungen, wie Fernsehen, laute Musik, Arbeitswelt und Motorenlärm immer schwächer und schwächer gemacht. Der Verstand ist derart verwirrt, dass wir die meisten Gedanken, die wir haben und die ohnehin unwichtig sind, noch nicht einmal zu Ende denken. Geschweige denn, dass wir am Tagesende noch wissen, was wir heute alles gedacht haben. Und nun ist dieser durchlöcherte, verwirrte Verstand in der Situation, wo er sich zwölf Stunden lang konzentrieren muss. Einatmen. Ausatmen.

Die ersten Tage sind furchtbar. Derart viele Gedanken schießen einem durch den Kopf, dass man Angst hat, durchzudrehen. Die meisten Gedanken sind unsinnig, unvollständig und von Ablehnung und Zweifeln durchzogen. Ich rege mich über mich selbst auf: Kann ich denn wirklich keinen klaren Gedanken fassen? Bin ich nur ein verbitterter Mensch, der nur Negatives denken kann? Warum komme ich nicht klar? Ich muss doch einfach nur an „Nichts“ denken! Aber es scheint nicht möglich – um keinen Preis der Welt.

Der Verstand ist voll von Aversionen. Er ist irritiert bis ins Äußerste, denn er muss zum ersten Mal seine gewohnten Bahnen verlassen. Hinzu kommen die körperlichen Beschwerden, das lange Stillsitzen und die ungewohnte, aufrechte Haltung. Das frühe Aufstehen. Das Sprech-, Schreib- und Leseverbot. Der fehlende Ausgleich zum Feierabend – denn es gibt keinen Feierabend. Die Freiheit, sich zu bewegen, fehlt. Das Gelände ist klein und darf nicht verlassen werden. Es ist möglich auf einem gepflasterten Weg auf dem Gelände auf und ab zu laufen, was ich jeden Abend – aus lauter Not – auch tue. Die Berührung mit der Natur und ihre Nutzung als Energiequelle fällt so gut wie weg. Ich laufe den Weg auf und ab wie eine Ratte in einem zu engen Käfig. Für Freigeister wie mich sind diese Regeln schwer erträglich.

Es ist so heiß, dass man beim Meditieren eigentlich nur mit Schwitzen und Sitzen beschäftigt ist. Die Fliegen schwirren umher und setzen sich immer wieder hartnäckig auf die verschwitzte Haut. Die Meditierenden husten und schnupfen, einige chinesische Kollegen rülpsen ungeniert. Die Luft steht. Nach drei Tagen Atmen scheint es geschafft. Ich habe gelernt, den Verstand zu trainieren, sich nur auf eine bestimmte Sache zu konzentrieren und allen anderen Gedanken keine Bedeutung beizumessen. Beharrlich bleiben, Gedanken kommen und gehen zu lassen. Das Gefühl der Frustration, immer wieder an irgendetwas denken zu müssen, weicht langsam aber sicher der Geduld und der Einsicht, dass Dinge Zeit brauchen und nicht erzwingbar sind. Der Geist wird ruhiger und die wilden Gedankenblitze werden weniger.

In der nächsten Phase lernen wir nun, unseren Körper zu beobachten. Es kann ziemlich frustrierend sein, nichts zu spüren außer Jucken und Schmerz. Man soll üben, seine negativen Gefühle zu akzeptieren und nicht vertreiben zu wollen, genauso wie man positive Gefühle nicht versuchen sollte, festzuhalten. Alle Gefühle, egal welcher Art, seien Zeichen der Veränderung … Verstehe. Theoretisch. Oder auch nicht? Wozu soll das alles gut sein? Der Guru sagt, das Problem sei die ungewohnte Situation gepaart mit der neuen Denkweise, es handle sich um eine tiefgreifende Operation der Psyche …

Durch das stundenlange Sitzen in den Meditationssitzungen entwickeln sich Schmerzen in sämtlichen Gliedern. Ich leide und sage mir: Ich darf keine Aversion gegen Schmerzen haben. Man soll den Schmerz nur beobachten, wie er kommt und geht. Minuten werden zu Stunden, ich beobachte den Schmerz und versuche ihn schön zu finden. Aber es wird nicht besser. Und damit habe ich ihn schon bewertet – eine Gier entwickelt, und zwar nach einem besseren Gefühl. Ich denke an die Zukunft – nur noch fünf Tage und ich darf in mein altes, geordnetes Leben zurück! Ich darf aber nicht denken, noch bewerten, noch fühlen. Nichts wünschen, nichts vermissen. Ich soll einfach nur den Moment leben und zufrieden sein. Aber ich ärgere mich, dass ich nicht zufrieden bin. Und dann fällt mir ein, dass ich mich auch nicht ärgern darf und ärgere mich darüber, dass ich mich ärgere ... Ich fühle mich immer mieser, weil ich so negativ bin und versuche meine schlechte Laune mit den Umständen hier zu rechtfertigen. Aber auch das hilft nicht, denn ich habe mich ja freiwillig dazu entschieden, diese Erfahrung zu machen.

Und so geht es den ganzen Tag, auf und nieder, unaufhörlich, endlos ... stundenlang. Wir sollten uns auf unsere Schmerzen konzentrieren, damit wir lernen, mit negativen Gefühlen umzugehen. Man soll die Körperreaktionen beim Stillsitzen bewusst durchleben und den dabei entstehenden Schmerz wertneutral betrachten. Von außen. Nur beobachten. Denn er kommt und geht von allein. Und wenn etwas von allein geht, dann braucht man nicht einzugreifen. Man soll einfach akzeptieren, wie es ist, und vorbeiziehen lassen.

Laut dem Guru ändert sich ständig alles. Nichts bleibt, wie es ist. Ich erlebe tatsächlich jeden Tag intensive Höhen und Tiefen. Die Momente der Zufriedenheit kommen und gehen in Intervallen, genauso wie die Momente der Frustration. Wobei die Frustration noch leicht überwiegt. Manchmal habe ich das Gefühl, ich hätte meine Aversionen nicht abgebaut, sondern geradezu gezüchtet. Ich erwarte schon gar nicht mehr, dass ich zum Supererleuchteten werde. Ich kann guten Gewissens behaupten, dass ich die Lehre des Dhamma in diesen Tagen ansatzweise gelebt habe, aber ein Fazit für mich ziehen, ist schwer. Vielleicht sogar unmöglich. Es treffen soviele Dinge zusammen, jeder Tag und jede Stunde ist anders – abhängig von Tagesform, Tageszeit, Sitzposition, Hitze, Kälte, Erfahrungen. Die Rahmenbedingungen sind in Ordnung: gutes Essen, weiches Bett, alles sauber. Den Rest macht die Psyche und das Wenige an Input, was man so aufschnappt.

Übt man regelmäßig die Meditation, wird man auf Dauer im Geiste ruhiger und gelassener. Zehn Tage im Retreat sind dafür ein guter Anfang, jedoch ist es damit nicht getan. Die Erfahrungen, die man während der Meditation gemacht hat, setzt man erst später in Gelerntes um. Es kommt ganz automatisch mit der Zeit, dass man seine Wahrnehmung und sein Denken verändert, mehr mit dem Herzen, als mit den Augen hinschaut. Das passiert sogar meist unbewusst, ohne dass man konkret an die Erfahrungen aus dem Meditationskurs denkt. Und das Fazit aus der ganzen Geschichte ist … es gibt kein Fazit. Dieser Weg hat kein Ziel, dass man innerhalb von zehn Tagen erreichen sollte. Dieser Weg ist ein Prozess, der dein ganzen Leben lang andauern wird – eben wie das Leben selbst.

Viele Menschen suchen nach einer Vision für ihr Leben und danach, sie zu verwirklichen. Manche stecken jedoch fest und sind umgeben von Mauern aus eigenen Widerständen und Ängsten. Ein Retreat der besonderen Art ist die „Heldenreise“. Sie beschreibt den Weg, wie Sehnsüchte und ein oft an Taten hinderndes Sicherheitsbedürfnis zusammenfinden und der Weg somit frei wird in ein tieferes und erfüllteres Leben. Persönlichkeitsentwicklung in Form eines Abenteuers der kreativen Selbsterfahrung. Während einer Woche lernen die Teilnehmer ihren inneren „Held“ und „Dämon“ kennen. Diese innere Reise und Bearbeitung von persönlichen Themen führt zu Konfliktlösung, Entwicklung von persönlichen Visionen, Auftanken von Energie und mehr Erfüllung und Freude am Leben oder im Beruf. Für Wibke war diese Erfahrung ein wichtiger Schritt zu einem neuen „Ich“ nach einem Burnout.

Die Heldenreise

(von Wibke Regenberg, www.wibke-regenberg.com)

Nachdem ich vor einigen Jahren einen Burnout hatte und diese Zeit ein ganz wichtiger Wendepunkt in meinem Leben war, gibt es für mich eigentlich nur noch zwei Fragen in meinem Leben: „Wer bin ich eigentlich?“ und „Was ist meine (Lebens-)Aufgabe“. Diesen beiden Fragen gehe ich seit einigen Jahren sehr intensiv nach. Dafür nehme ich mir Zeit, das sind meine persönlichen Auszeiten: Zeit zur Selbst-Findung und zu mehr Selbst-Bewusstsein.

Wie ich das mache? Mit Seminaren und Kursen zur Persönlichkeitsentwicklung. Angefangen hat alles mit einer Coachingausbildung. Ich habe eine Ausbildung zum systemischen Business-Coach absolviert und schon während der Ausbildung unheimlich viel über mich erfahren: Über mein Selbst, meine Werte, meine Glaubenssätze, meine „blinden Flecken“, über mein Fremd- und Selbstbild. Hier habe ich gelernt, meinem Gegenüber richtig zuzuhören, d. h. das Gesagte möglichst nicht in mein Bewertungssystem zu packen, nicht zu bewerten und zu verurteilen, sondern objektiv zu bleiben, um den anderen tatsächlich zu verstehen. Parallel dazu bin ich in Kontakt mit verschiedenen Formen der Körperarbeit (wie z. B. Contact Improvisation) sowie Meditationstechniken (Vipassana und MBSR - Mindfulness Based Stress Reduction) gekommen und habe Bücher über Buddhismus, Spiritualität, Quantenphysik etc. nur so verschlungen.

Für mich ging in der Zeit eine Tür zu einer ganz anderen Welt auf: Nämlich zur spirituellen Welt und der Erkenntnis, dass alles Energie ist, alles miteinander verbunden ist und alles zur richtigen Zeit passiert. Dinge melden sich und es liegt an uns, ob wir den Ruf wahrnehmen und entsprechend umsetzen. So hat mich vor einigen Monaten die „Heldenreise“ gerufen. Wie das Leben so spielt, traf ich vermehrt auf Menschen, die selbst an dem Seminar teilgenommen haben bzw. als „Heldenreiseleiter“ arbeiten. Ich nahm den Ruf wahr und meldete mich an …

Es ist Sonntag mittags. Ich befinde mich in einer Jugendherberge in der Nähe von München. Ich bin früh dran, am Nachmittag soll das Seminar losgehen. Ich erkunde in Ruhe die Jugendherberge, eine ehemalige Mühle auf einem wunderschönen Gelände mit eigenem kleinem See und viel Grün drumherum. Danach suche ich mir mein Zimmer aus bzw. lasse mich von meinem Zimmer und meinem Bett finden. Langsam trudeln weitere Teilnehmer ein. Zwei weitere Betten sind in dem Zimmer noch frei. Wer meine Zimmernachbarn wohl sein werden? Ich lehne mich zurück und warte ab. Denn ich weiß: Es werden für diese Woche die richtigen Personen für mich sein.

15:30 Uhr. Das Seminar beginnt. Unsere Heldenreise. Eine Woche lang, jeden Tag von morgens 09:30 Uhr bis ca. 22:00 Uhr abends werden wir zusammen sein und uns auf eine Reise begeben. Jeder für sich und gemeinsam als Gruppe.

Wir sind zwölf Teilnehmer, eine Seminarleiterin und zwei Seminarleiter. Noch schauen wir uns alle etwas schüchtern an, sind gehemmt, aufgeregt und können nicht sagen, was uns in der Woche erwartet. Ich mag die Gruppe und bin gespannt, was kommt.

Schon bei der Vorstellungsrunde bin ich erstaunt, denn hier geht es nicht um das übliche Geplänkel wie Job, Familie und Hobby, sondern es geht um Gefühle. Im Hier und Jetzt. Wir werden gefragt, wie wir uns jetzt fühlen und sollen hineinspüren und dies wenn möglich vor der Gruppe kommunizieren. „Wow, denke ich, hier geht's ja gleich zur Sache. Gut so." Und freue mich, wie ich mich in dieser Runde Schritt für Schritt öffnen kann und merklich dabei zusehen kann, dass es den anderen Teilnehmern auch so geht.

Wir öffnen uns in dieser Woche: Für mehr Mensch-Sein. Jeder in seinem Tempo und so, wie er es kann. Das ist wunderschön zu sehen, denn die Gesichter verändern sich. Die Gesichtszüge werden weich, die Körperhaltung ist aufrecht und einladend. Wir lachen und weinen zusammen und jeder für sich: Vor Trauer, Wut und auch vor Berührung, Glück und Dankbarkeit.

Die Heldenreise war für mich bis jetzt das intensivste Seminar zur Selbsterfahrung, was ich bisher gemacht habe. Es ist schwierig zu erklären, was dort genau passiert und welche Erfahrung man dort macht. Denn dies ist ganz individuell. Es zeigt sich das Thema, was gerade für einen „dran" ist. Für mich ging es bei der Heldenreise darum, mich meiner eigenen Kraft zu stellen sowie meiner Angst und meinen Blockaden, die mich am Weitergehen „behindern". Es gibt in der Heldenreise eine Übung, in der der Held auf den Dämon trifft. Diese Konfrontations-Szene war für mich ein absolutes „Aha-Erlebnis", denn ich habe an diesem Punkt mein persönliches Muster nicht nur wie sonst intellektuell erlebt, sondern körperlich und emotional erfahren. Das war unglaublich – und unglaublich befreiend.

Das ist das Schöne an der Heldenreise: Es werden alle drei Ebenen Verstand, Körper und Gefühl angesprochen. Das ist genau das, wonach ich immer gesucht habe. An eine weitere sehr intensive Erfahrung werde ich mich mein Leben lang erinnern: Mein Schritt ins Unbewusste oder ins Mysterium, wie es bei der Heldenreise heißt. Ich bin noch heute tief berührt von dem, was ich dort erleben durfte und bin unendlich dankbar dafür.

Ich kann die Heldenreise jedem empfehlen, der sich für sich selbst und andere interessiert. Es ist eine ganz wunderbare Reise zu sich selbst. Ich persönlich habe so viele Schätze und Eindrücke mit nach Hause genommen und hole heute ganz bewusst meinen Helden- und Dämonenanteil raus, um mich an die Auseinandersetzung der beiden zu erinnern, um nachzuspüren, wie sich die beiden Anteile anfühlen, um beide ins Gleichgewicht zu bringen. Ich hole mir die vielen Bilder und Visionen hervor: Aus meinem Kopf und die tatsächlich gemalten Kunstwerke, die ich in der Woche erschaffen und ins Leben gerufen habe.

Ich persönlich bin meinen zwei Fragen „Wer bin ich eigentlich?" und „Was ist meine (Lebens-)Aufgabe" wieder ein Stückchen näher gekommen. Was für eine Zeit. Ich bin nun eine Heldin. Und du, wann folgst du deinem Ruf?

Heldenreisen-Anbieter:

- www.irgendwie-anders.de
- www.heldenreise.de
- www.heldenreise.com
- www.einsichartig.de

Kloster auf Zeit

Eine Möglichkeit, Stille und Ruhe zu erleben, ist in Verbindung mit einem minimalistischen Lebensstil, wie er zum Beispiel während eines Klosteraufenthaltes erlebt werden kann. Viele Klöster nehmen Gäste ohne Probleme auf, solange der Klosteralltag dadurch nicht gestört wird. Ein Aufenthalt kann einige Tage bis zu mehreren Wochen dauern. Kloster auf Zeit heißt Ausbruch aus der Routine und kann durch die ungewohnte Lebensweise neue Anstöße geben, wenn man sein Leben neu ausrichten möchte, vor einer wichtigen Entscheidung steht oder einfach nur Ruhe sucht. Hier herrscht ein anderer Rhythmus: sehr frühes Aufstehen, geregelte Abläufe, kein Telefon, Internet oder Fernsehen. Die Zeit hat hier ihren festen Platz. Es ist eine Umstellung, sich an das Leben im Kloster zu gewöhnen, und dennoch suchen mehr und mehr Menschen nach solch einer Erfahrung.

Die Klöster öffnen dafür ihre Türen und bieten zusätzlich zur Möglichkeit zum Auftanken auch Meditationsseminare, Fastenwochen, Gesundheitsberatung, Ayurveda, Yoga, Massage oder Schweigeauszeiten an.

Der Aufenthalt ist in vielen Klöstern kostenlos (evtl. wird ein geringer Tagessatz zwischen 10 und 30 Euro genommen) und generell für Frauen und Männer offen, unabhängig welche Konfession. In Deutschland gibt es ungefähr 300 Klöster, die bereits

„Kloster auf Zeit" anbieten. Die deutsche Ordensvereinigung verschickt die kostenlose Broschüre *„Atem holen"*, in der eine gute Auswahl zu finden ist (www.orden.de). Weitere Informationen und Adressen zu Kloster auf Zeit in Deutschland, Schweiz und Österreich sind auf www.orden-online.de gelistet.

Modernes Pilgern

Pilgern hat eine lange Tradition. Pilgern ist schon immer eine Suche. Die ursprüngliche lateinische Bedeutung des Wortes ist *in der Fremde sein*. Pilgernde Menschen machen sich auf den Weg, um in der Fremde Heil zu suchen. Die Gründe eines Pilgernden sind heute so unterschiedlich wie die Menschen selbst. Ursprünglich pilgerte man zu religiösen Pilgerzielen, wie z. B. ins heilige Rom oder nach Santiago de Compostela, um Vergebung zu erzielen, eine Krankheit zu heilen oder um dem Göttlichen näher zu sein. Heute begeben sich pilgernde Menschen auf die Suche nach sich selbst oder nach Antworten auf Sinnfragen oder religiöse und spirituelle Themen oder um in der Natur Ruhe für den Geist zu finden.

Pilgern ist eine Form, die eigenen körperlichen und geistigen Grenzen zu weiten. Durch die lange Wanderung zu Fuß, meist in Schweigen und Einsamkeit, begibt man sich in eine außergewöhnliche Situation. Ungewohnte körperliche Anstrengung und die Auseinandersetzung mit den eigenen Gedanken von früh bis spät sind für jeden Pilgerer eine neue Erfahrung im Zusammenwirken von Körper, Geist und Natur. Nicht immer wandert man bei schönem Wetter. Regen und Sturm – innerlich als auch äußerlich – können Grenzen setzen, denen man sich unterwegs stellen muss. Beim Pilgern gelingt es jedoch, die Langsamkeit wieder zu entdecken und auch das Lärmen des Geistes wird mit jedem bewussten Schritt in der Natur leiser.

Zum Pilgern gehört auch eine Portion Abenteuerlust. Nicht immer erkennst du sofort den richtigen Weg. Umwege gehören dazu, wie im richtigen Leben. Jeder Tag wird anders sein. Die Suche nach dem richtigen Weg, einem Dach über dem Kopf am Ende des Tages und ein starker Wille immer weiterzugehen, Schritt für Schritt, trotz der Rückenschmerzen vom Tragen des Rucksacks und der schmerzenden Füße, die das lange Gehen nicht mehr gewohnt sind – all das macht das Pilgern aus. Geh jeden Schritt aufmerksam mit offenem Herzen und offenen Augen. Jeder der sich auf den Weg begibt, wird auch etwas erfahren.

Der zunehmende Trend zum Pilgern geht dahin, dass nicht nur traditionelle Pilgerrouten bewandert werden, sondern auch neue Ziele. Der Suchende sucht sich sein ganz eigenes Pilgerziel. Manch einer möchte zum Nordpol wandern, ein anderer auf den Spuren der Inkas bis zum legendären Machu Picchu. Und du möchtest vielleicht quer durch die Alpen oder auch einfach nur einige Tage am Meer entlang pilgern, z. B. von Usedom bis nach Rügen. Ob kleines oder großes Pilgerziel, Pilgern verändert, erweitert und bewegt. Pilgern ist eine Erfahrung mit allen Sinnen.

Die berühmtesten traditionellen Pilgerwege sind:

- Jakobsweg nach Santiago de Compostela (Grabstätte des heiligen Jakobs)
- Pilgerreise nach Jerusalem (Ursprung des Christentums)
- Pilgerweg nach Mekka und Medina (nur für Moslems, heilige Quellen des Islams)
- Via Francigena/Frankenweg nach Rom (Gräber der Apostel Petrus und Paulus)
- Pilgern nach Lourdes (Wunderheilung an der Quelle)
- Wanderung auf den Mount Kailash in Tibet (Thron der Götter)

- Besuch der Gangesquelle in Indien (Befreiung von Sünden)
- Wanderung zum Berg Ararat in der Türkei (Landeplatz der Arche Noah)
- Olavswege in Nordeuropa (Netzwerk von Pilgerwegen zu Orten des heiligen Olav)
- Jesustrail in Israel (auf den Spuren Jesus)
- Inka Trail nach Machu Picchu (heilige Stadt der Inkas)

Praktische Pilgertipps:

- Vorab ausführlich über den Pilgerweg informieren (Routenplanung, Übernachtungsmöglichkeiten).
- Gute, robuste Wanderschuhe sind wichtig, wenn man länger zu Fuß unterwegs ist.
- Nur das nötigste Gepäck mitnehmen (wetterfeste Kleidung, Schlafsack …).
- Pilgerausweis beantragen. (www.jakobusgesellschaft.eu)
- Energiespendende Nahrungsmittel & ausreichend Flüssigkeit für unterwegs mitnehmen.
- Medizinische Grundversorgung nicht vergessen (vor allem für Blasen an den Füßen).
- Wanderstöcke können auf langen und bergigen Strecken eine Erleichterung darstellen.

Los geht's ...
raus aus der Komfortzone

In dem Augenblick,
in dem man anfängt, das zu tun,
was man schon immer tun wollte,
beginnt ein neues Leben.
Buckminster Fuller

Die häufigsten Hürden, die gewünschte Auszeit zu nehmen, sind fehlende freie Zeit oder das nötige Kleingeld. Stopp. Wirklich? Das sind Ausreden. Angstfaktoren in Form von Ausreden. Ich weiß das. Ich habe einige davon selbst benutzt, oft genug und ich kenne mittlerweile so viele Menschen, die sich trotz allem ihr Leben so gestalten, wie sie es gerne hätten. Es beginnt mit dem ersten kleinen Schritt raus aus der Komfortzone. Also, wie kann man genügend Zeit und Geld für eine Auszeit ansparen? Geld und Zeit sind eng miteinander verknüpft. Du kannst mit genügend Geld die nötige Zeit „freikaufen" und umgekehrt mit genügend Zeit, das nötige Geld für deine Auszeit ansparen. Ich weiß, leichter gesagt als getan. Spartipps brauche ich dir an dieser Stelle sicherlich nicht geben. Du kennst deine finanzielle Situation und was möglich ist am Besten. Du würdest hier wahrscheinlich am liebsten eine Anleitung lesen, wie leicht es finanzierbar ist (vielleicht ist es das ja auch?) und wie du es finanzieren kannst. Die kann ich dir jedoch nicht geben. Jede Situation ist anders. Was es an dieser Stelle braucht, ist ein bisschen Kreativität und einen festen Willen, es möglich zu machen. Rund um die Welt sind tausende junge Studenten unterwegs, mit viel Zeit und ohne viel Geld. Sie sind das beste Beispiel, dass eine Auszeit auch mit wenig Budget möglich ist. Im Grunde genommen ist das Argument Geld eine reine Kopfsache, wenn auch eine hartnäckige. Wie sehr willst du es?

Die gewünschte Zeit anzusparen funktioniert auf verschiedenste Weise. Für Arbeitnehmer bestehen grundsätzlich zwei Möglichkeiten:

- die unbezahlte Auszeit
  (unbezahlter Urlaub oder Kündigung)
- die bezahlte Auszeit
  (Arbeitgebermodell bzw. Sabbaticalmodell)

Wer nicht gleich den Job kündigen oder wechseln möchte, hat die Möglichkeit mit dem Arbeitgeber eine Auszeit zu verhandeln. Viele große Unternehmen bieten ein sog. Sabbatjahr (es muss nicht ein ganzes Jahr sein, die Dauer ist Verhandlungssache) an. In der Vorlaufphase wird Vollzeit gearbeitet und ein Teilzeitgehalt ausgezahlt, während in der Auszeit dann der andere Teil des Geldes ausgezahlt wird.

Oft erlauben auch gesammelte Überstunden eine längere Auszeit. Die bezahlte Auszeit-Variante hängt ganz individuell vom jeweiligen Arbeitgeber ab und wer diese Option in Anspruch nehmen möchte, sollte frühzeitig ein Gespräch mit dem Arbeitgeber führen.

Verhandlungstipps:

- Frage nicht um Erlaubnis, sondern verhandle die bestmöglichen Bedingungen für deine Auszeit, stelle die Auszeit vor dem Arbeitgeber nicht in Frage!
- Argumentiere sachlich, warum du diese Auszeit machen möchtest, für wie lange und warum du danach ins Unternehmen zurückkehren möchtest.
- Sei flexibel und offen gegenüber Vorschlägen von Seiten des Unternehmens.
- Überlege dir im Vorfeld, welche Punkte verhandelbar sind und welche nicht (Dauer, Bezahlung, Position im Unternehmen, Aufgaben etc.).
- Versuche eine Win-Win-Situation dem Unternehmen darzustellen und versetz dich auch in die Lage des Arbeitgebers.
- Bleib hartnäckig, wenn du nicht gleich eine Zustimmung erhälst.
- Sei im Notfall bereit zu kündigen, wenn der Arbeitgeber, sich nicht darauf einlässt.
- Halte die Vereinbarung schriftlich fest.

Für Selbständige ist es etwas schwieriger, sich die gewünschte Auszeit freizuschaufeln. Entweder kannst du deine Aufgaben jemandem übertragen, während du fort bist oder dein Geschäft für eine Weile auf Eis legen. Alternativ schau dir an, wie die digitalen Nomaden ihr Business von unterwegs aus organisieren (sofern dies in deinem Fall in Frage kommt, Buchtipp: „*The Suitcase Entrepreneur*").

Um die Auszeit konkreter zu planen, erstelle ein Budget über die Kosten, die während deiner Auszeit anfallen (Fixkosten zu Hause und Kosten für das, was du während deiner Auszeit tun möchtest). Mit dieser Summe im Hinterkopf kannst du dich nun deinen Finanzen zuwenden und überlegen, wo du den Rotstift ansetzen könntest oder wie du dieses Geld verdienst (Setz bitte nicht auf Lotto oder Rubbellose).

Neben der generellen Finanzierungsfrage, gibt es im nächsten Schritt diverse organisatorische Aspekte zu bedenken und abzuklären:

- Regelung der Krankenversicherung bei Auslandsaufenthalt oder Kündigung beim Arbeitgeber
- Stilllegen des Autos und der Autoversicherung während Auszeit im Ausland
- Regelungen von Haftpflicht-, Unfall- und Rentenversicherung während Abwesenheit
- Vermietung der Wohnung bei Abwesenheit oder Fürsorge der leerstehenden Wohnung bzw. der Haustiere
- OnlineBanking und Lastschriften während Abwesenheit
- Post, Telefon, Internet & Handy während Abwesenheit
- Notwendige Impfungen bei Auslandsaufenthalt

Eine Auszeit wird auch nicht anders als ein längerer Urlaub geplant. Die Organisation des Ganzen am Schluss ist dann der leichteste Schritt in deine Auszeit.

101 Auszeitideen – wovon träumst du?

Wenn du es träumen kannst,
kannst du es auch machen.
Walt Disney

Es sind nicht nur Reiseträume, die dazu bewegen, sich eine Auszeit zu nehmen. Wobei Reisen mit der häufigste Grund ist. Die Auszeitideen, die mir während der Recherche für dieses Buch begegneten, sind ein Kaleidoskop an bunten, inspirierenden Träumen von Jung und Alt. Er möchte mit seinen eigenen Händen ein Boot bauen und damit die Weltmeere befahren. Sie möchte einfach nur tief eintauchen bei Mutter Natur, stundenlang an Bäumen sitzen oder auf Lichtungen liegen, beobachten, lauschen, anfassen, Blätter zu Kreisen legen, die Waldgeister suchen …, ein bisschen fotografieren und ein bisschen schreiben. Ein anderer würde gerne intensiv Musik für einen Hollywoodfilm komponieren. Die beiden jungen Eltern am liebsten ein Zigeunerleben im Wohnmobil für ein paar Monate führen, frei von allen Verpflichtungen. Sie möchte gerne das Meer malen, jeden Tag … immer eine andere Stimmung einfangen, mit der Natur zusammen sein.

Für solche Träume lohnt es sich doch, eine Auszeit vom Alltag und von der täglichen Arbeit zu nehmen, oder? Du hast sicherlich schon eine eigene Idee, was du in deiner Auszeit machen möchtest.

Ich möchte an dieser Stelle die Liste mit den gesammelten Ideen veröffentlichen und an dieser Stelle jeden ermutigen, seinen eigenen, vielleicht auch verrückten Traum in die Realität umzusetzen (aber was ist schon verrückt?). Warte nicht auf den richtigen Zeitpunkt – den gibt es nicht. Der richtige Zeitpunkt ist an dem Moment, an dem du ihn dazu machst. Vertrau deinem Gefühl! Wenn du eine Auszeit nehmen willst, dann ist es das richtige für dich, genau in diesem Moment.

101 Auszeit …

1. eine Weltreise machen
2. Wwoofing … Arbeiten und Leben auf einer Farm
3. eine neue Sprache in einem fremden Land lernen
4. ein zehntägiges Schweigeretreat
5. ein einsames Haus auf Hiddensee mieten und ein Buch schreiben
6. Englisch oder Deutsch unterrichten in einem Drittweltland
7. eine Fahrradtour machen (z. B. Icefield Parkway in Kanada, Most dangerous Road in Bolivien, …)
8. eine Wintersaison lang in einem Skiort arbeiten
9. auf einer Yacht im Mittelmeer arbeiten und leben im Sommer
10. einen Roadtrip auf der Route 66 von Ostküste zur Westküste der USA machen
11. Backpacking durch Südamerika
12. ein Wildlife-Research-Projekt in Borneo, Madagaskar oder auf den Galapagosinseln
13. Insel hüpfen in der Südsee
14. einen Surfkurs auf Bali, Hawaii oder in Australien
15. einen Trekking Trip (z. B. Inca Trail, Milford Trek, Alpenüberquerung …)

16. einen Sommerkurs an einer berühmten Universität, wie z. B. Oxford oder Harvard
17. eine Weiterbildung machen
18. eine Zugfahrt durch Australien oder mit der transsibirischen Eisenbahn
19. eine Pilgerung auf der Seidenstrasse oder auf den Spuren Marco Polos
20. ein Yoga-Retreat in Indien
21. eine archäologische Ausgrabung
22. eine Expedition zum Nord- oder Südpol
23. eine Forschungsreise
24. ein Kalligraphiekurs in Japan
25. ein Haustausch
26. ein Kochkurs in Asien
27. eine Eat-Pray-Love-Reise
28. ein Outdoor-Survival-Kurs in Kanadas Wildnis
29. eine Reise mit dem Campervan durch Australien, Neuseeland oder Kanada
30. ein Massagekurs in Asien
31. ein Startup gründen
32. in einen Ashram gehen
33. ein Sozialprojekt mit Kindern
34. ein Cowboy sein auf einer Pferderanch in den USA
35. ein Monat am Strand entspannen
36. ein Voluntariat in einem Nationalpark
37. eine Weinreise durch Südfrankreich
38. ein Praktika im Gesundheitsbereich
39. eine Pilgerreise
40. einen Wettlauf mitmachen
41. ein Motivationsworkshop
42. Pilotenschein machen
43. Yacht mieten und durch das Mittelmeer schippern

44. eine intensive Zeit mit den Kindern oder dem Partner
45. alternative Medizin in Asien studieren
46. ein Leben in der Natur, z. B. in einer mittelalterlichen Siedlung, in den Bergen oder im Wald
47. Stille leben
48. ein Haus bauen
49. im Kloster arbeiten und leben
50. ein Instrument lernen
51. ein Boot bauen
52. eine Ausbildung zum Ranger in Afrika
53. einen Berg besteigen
54. ein Trip ins All (z. B. mit Virgin Atlantic)
55. eine Zeit lang im Zirkus leben
56. mit der Karawane durch die Wüste ziehen
57. als Hobbyforscher auf Miniexpedition
58. von den Aboriginis in Australien lernen
59. Vögel erforschen
60. Schildkröten beschützen in Costa Rica oder Griechenland
61. Pandaforschung in China
62. eine Regenwaldexpedition mit Sicherheitstraining
63. Heliskiing in Kamtschatka oder Kanada
64. mit dem Hausboot durch Europa fahren
65. als Hobbybiologe in der Beringsee Seebären erforschen
66. Samba- oder Tangokurs in Südamerika
67. dem Hippietrail von London nach Sydney folgen
68. ein Leben in der Jurte
69. bei der Weinlese in der Toskana mithelfen
70. eine App/Software entwickeln
71. eine Tauchexpedition rund ums Mittelmeer
72. die Outdoortrophy in Österreich (Berglauf, Gleitschirmfliegen, Wildwasserkajak und Mountainbiking) mitmachen
73. eine Rallye rund um die Ostsee fahren

74. Burnout auskurieren
75. Als Almbauer in den Bergen leben
76. als Seemann auf einem Containerschiff anheuern
77. mit dem Fahrrad durch die Mongolei
78. eine andere Ausbildung machen
79. wie Robinson Crusoe auf einer kleinen Insel leben
80. mit dem Kanu auf der Donau quer durch Europa paddeln
81. als Au-Pair in Afrika leben und arbeiten
82. mit dem Fahrrad über die Alpen radeln
83. per Anhalter zu einem Traumziel reisen
84. den Traum vom Haus am See erfüllen
85. beim Hausbau in Vietnam helfen
86. zum Nordpol wandern
87. Ausbildung zum Cowboy in Colorado
88. Zen-Buddhismus in Japan erlernen
89. italienische Lebensfreue in Apulien genießen
90. ein Co-Working Event mitmachen, z. B. Project Getaway
91. Work & Travel in Neuseeland
92. auf den heiligen Mt. Kailash in Tibet pilgern
93. Auszeit im Amazonas-Dschungel
94. alle entfernten Verwandten besuchen
95. eine Heldenreise machen
96. auf Nordlichtjagd in Alaska
97. zum Fischen und Hochseeangeln nach Island
98. mit dem Segelboot losfahren, wo einen der Wind hintreibt
99. eine Reise in den Norden Skandinaviens oder Kanada, um die Polarlichter zu sehen
100. eine Tour mit dem Wohnwagen oder Hippy-VW-Bus machen
101. alle Hauptstädte der Welt bereisen in einem Jahr

Checkliste

Warum möchtest du eine Auszeit nehmen?

Welche Gründe sprechen für eine Auszeit?

Welche Gründe sprechen dagegen?

Was möchtest du in deiner Auszeit tun?

Wenn du drei Wünsche frei hättest, was würdest du gerne ausprobieren?

Wenn du mehr Zeit hättest, was würdest du tun?

Wenn du mehr Geld hättest, was würdest du tun?

Wie lange soll deine Auszeit dauern?

Was kostet diese Auszeit?

Was wirst du jetzt im ersten Schritt recherchieren?

Weitere Bücher der Autorin

Abenteuer Weltreise – Der Professionelle Ratgeber zur Planung und Organisation einer Weltreise

ISBN 978-3842356788 | Preis: 21.90 Euro

Dieser Ratgeber gibt eine praxiserprobte Planungshilfe bei der Organisation einer Weltreise. In diesem Buch finden sich ausführliche Tipps und Informationen zu Finanzierung, Routenplanung, Flugtickets, Transport, Ausrüstung, Versicherungen, Reisepartner, Sprachkursen, Arbeiten im Ausland, Kommunikation unterwegs, Unterkünften sowie für den bürokratischen Ablauf daheim. Zusätzlich werden länderspezifische Informationen zu Visa, Einreise, Klima, Gesundheit, Preise und Verhaltenstipps gegeben. Kostenbeispiele für die Budgetplanung, eine Packliste sowie Farbfotos mit Erfahrungsberichten von ehemaligen Globetrottern geben Anhaltspunkte für die eigene Planung. Die Informationen in diesem Ratgeber gelten speziell für Deutsche, Schweizer und Österreicher. Eine ideale Vorbereitung für alle, die den Schritt wagen und neugierig genug sind, die Welt auf eigene Faust zu entdecken!

Happy Landings – Reiseführer für Hobbypiloten

ISBN 978-3842342354 | Preis 24.99 Euro

Dieser touristische Reiseführer wurde eigens für die Sport- und Freizeitfliegerei entwickelt. Viele farbige Luftimpressionen und regionale Highlights aus der Luft inspirieren bei der Flugplanung. Zusätzlich gibt es Ausflugstipps am Boden, Unterkunfts- und Restaurantempfehlungen und die wichtigsten Informationen zum Flugplatz. Ein Muss, wenn man mehr als nur um den Kirchturm fliegen will!

Danksagung

Ein Riesendankeschön geht an alle Interviewpartner, ohne die dieses Buch nicht entstanden wäre. Die Namen der Interviewpartner wurden aus Datenschutzgründen teilweise geändert.

Besonderer Dank für die Unterstützung, den Enthusiasmus und hilfreichen Input geht an Patrick, Teresa, Katharina, Rebecca, Rica, Arne, Valeska, Jan und Johannes.

Ein herzliches Dankeschön für eine wunderschöne kleine Auszeit geht an den Sponsor Alila Villas Uluwatu, Bali.
(http://www.alilahotels.com/uluwatu)

Bildnachweis

Seite 4	© Yanik Chauvin | Dreamstime.com
Seite 12	© Oleg Zabielin | Dreamstime.com
Seite 18	© Jeannette Zeuner, Vancouver
Seite 24	© Jeannette Zeuner, Samoa
Seite 38	© Elena Dremova | Dreamstime.com
Seite 42	© Martinmark | Dreamstime.com
Seite 52	© Jens Ottoson– Fotolia.com
Seite 58	© Subbotina Anna– Fotolia.com
Seite 72	© Mathias Wenger, Kamschatka
Seite 81	© Raphael Diotti, Bolivien
Seite 82	© Jeannette Zeuner, New York
Seite 88	© Jeannette Zeuner, Alila Villas Uluwatu, Bali
Seite 96	© Susanne Kastner, Österreich
Seite 100	© Jeannette Zeuner, Gili Islands, Bali
Seite 109	© Johannes Volkner, San Andres, Kolumbien
Seite 110	© Jeannette Zeuner, Ostsee
Seite 130	© Christophe Testi | Dreamstime.com
Seite 135	© Jeannette Zeuner, Seychellen
Seite 136	© Jeannette Zeuner, Neuseeland

6311493R00086

Printed in Germany
by Amazon Distribution
GmbH, Leipzig